EL

8 CLAVES ESENCIALES PARA SER

LÍDER

UN INSTRUMENTO DE CAMBIO

CATALIZADOR

BRAD LOMENICK

GRUPO NELSON
Una división de Thomas Nelson Publishers
Desde 1798

NASHVILLE   DALLAS   MÉXICO DF.   RÍO DE JANEIRO

Editora en Jefe: *Graciela Lelli*
Traducción y adaptación del diseño al español: *Ediciones Noufront / www.
produccioneditorial.com*

ISBN: 978-1-60255-035-3

A mis padres, Jerry y Penny, que me fueron ejemplos de estos principios esenciales. Las palabras no alcanzan para expresar mi agradecimiento por su amor, dedicación y sacrificio por mí. Son mis héroes.

CONTENIDO

UNA NOTA DE BRAD

ME APASIONA LEVANTAR A GRANDES LÍDERES EN TODO EL MUNDO, y he dedicado gran parte de mi vida a reunir, equipar y desarrollar a personas de todas las edades y en todas las etapas de la vida que quieren ampliar sus capacidades de liderazgo. Si has elegido este libro, sospecho que encajas en esta descripción. Te encuentras en una posición con cierto nivel de influencia, y estás buscando orientación acerca de cómo administrar mejor las oportunidades que has recibido.

Liderar en este siglo es una tarea sobrecogedora. La era digital ha incrementado la disponibilidad de la información, pero no toda la información merece ser tenida en cuenta. Estamos conectados de formas sin precedentes, pero la tecnología no siempre nos deja espacio para crecer y madurar como individuos y como líderes.

He escrito *El líder catalizador* a fin de facultarte para liderar mejor y durante más tiempo. Estoy seguro de que se puede ser extraordinario; pero la excelencia requiere trabajo. Te han dado un juego de llaves, pero debes aprender a conducir de forma responsable. A evitar los peligros de la carretera y tomar las calles correctas. A saber cuándo seguir adelante y cuándo detenerte. Así que he tratado de darte un mapa de carreteras fiable, trazado con historias exclusivas de mi experiencia liderando Catalyst, una de las mayores redes estadounidenses y punto de encuentro de jóvenes líderes; y ofrecerte consejos prácticos que puedes incorporar a tu vida y tu trabajo.

Mi objetivo no es coaccionarte para que operes como Catalyst o convencerte de que imites todos y cada uno de nuestros procedimientos operativos. Más bien quiero proveerte de prácticas esenciales que nos han funcionado bien a lo largo de los años, pues hemos hecho el mismo camino que tú ahora recorres.

Al igual que muchos líderes jóvenes, tú quieres marcar la diferencia. Hacer que el trabajo de tu vida cuente. Dejar un mundo mejor que el que encontraste. Convertirse en un líder catalizador significa convertirse en un agente de cambio: alguien que aprovecha su influencia para la mejoría del mundo, el bien colectivo de los demás y una mayor gloria para Dios. Con el fin de cumplir este sueño, creo que debes:

- descubrir el llamado único de Dios en tu vida;
- abrazar tu verdadera identidad y compartirla con otros;
- desarrollar un hambre insaciable por una relación con Dios vibrante;
- perseguir un nivel de excelencia que haga que te esfuerces y deje asombrados a los demás;

- aprender a superar el miedo y asumir riesgos;
- arraigarte en principios inmutables más que en circunstancias cambiantes;
- crear y proyectar una visión convincente para el futuro; y
- tender puentes con los demás con el propósito de aprender y cooperar.

Esto es posible desarrollando los ocho principios esenciales para convertirse en un agente de cambio que compartiré contigo. Ten en cuenta que no puedes escogerlos. Un individuo que desarrolle solo cinco o seis de estas características no es un líder catalizador. Por eso se llaman *principios esenciales*, no fortalezas. Debes comprometerte con todos ellos.

Esto podría sonarle intimidatorio a algunos, pero tengo la impresión de que a ti te entusiasma. ¿Por qué?

Porque eres un líder.

Conoces bien los retos que acompañan a tu llamado. No alimentas la falsa ilusión de que sea un camino fácil o un atajo. Estás dispuesto a trabajar duro y forjar un legado para que, cuando evalúes tu vida dentro de cincuenta o sesenta años, sepas que no solo has guiado *ahora*, sino que también has guiado *bien*. Solo mediante un buen liderazgo se puede llegar a buen puerto.

Así que bienvenido a tu viaje para convertirte en un líder catalizador.

Empieza ahora mismo.

—**Brad Lomenick**

Presidente y visionario
principal, Catalyst Atlanta,
Georgia

INTRODUCCIÓN

APRENDIENDO A LIDERAR

UNA VEZ UN AMIGO ME DIJO QUE SEGUIR ES FÁCIL, PERO LIDERAR es difícil. Yo sabía que tenía razón, pero no fue hasta que cumplí treinta y tres años que la verdad de sus palabras arraigó en mi propia vida.

Yo era asesor de INJOY, una organización fundada por John Maxwell, uno de los mayores expertos en liderazgo del último cuarto de siglo. El equipo de liderazgo de INJOY alumbró una idea para una conferencia de jóvenes líderes, y mil quinientas personas se dieron cita en el primer evento de Catalyst. Cuando INJOY se dio cuenta del potencial de Catalyst, me contrataron para ayudar a redactar el plan de negocio y dirigir la investigación de mercado para la empresa, entre otras marcas estratégicas de la organización. Después de solo dos años, la asistencia a los eventos de Catalyst se dobló.

Según crecía el evento, también lo hacía mi participación. Poco después me uní al equipo a tiempo completo. Pero todo cambió unos años más tarde cuando mis dos amigos, que habían estado dirigiendo el proyecto, se hicieron a un lado para centrarse en otra tarea. Recuerdo estar desayunando con ellos cuando me dieron la noticia de su partida. Nos encontramos en J. Christopher's, un restaurante de Atlanta muy conocido entre los vecinos de la ciudad, y casualmente el mismo lugar donde los tres habíamos hecho una especie de pacto de que estábamos juntos en aquello. Mientras degustábamos las tortillas de queso y jamón más sabrosas del mundo, me dijeron que se iban. Pero yo me sentí llamado a quedarme.

Mi viaje de regreso a las oficinas de Catalyst fue largo, una imagen borrosa de las luces del tráfico bañada con un sentimiento de soledad. Sabía que aún me quedaba mucho por hacer en Catalyst, pero no sabía cómo hacerlo sin mis amigos. *¿Y si fracaso? ¿Y si el evento resulta un fiasco? ¿Puedo hacer esto yo solo? Si resulta que no, ¿me arrepentiré de mi decisión de quedarme*?

Estacioné mi camioneta Dodge Durango plateada delante del almacén que hacía las veces de cuartel general. Respiré hondo, entré sigilosamente en mi oficina y cerré la puerta. Dejándome caer en la silla, me sentí más solo de lo que podía recordar. El destino me había entregado una responsabilidad que excedía mis años, una para la cual no estaba seguro de estar preparado. Esperábamos a nueve mil asistentes al evento de aquel año, y sesenta mil más en la transmisión simultánea de otro evento que habíamos ayudado a organizar. Nuestro fundador, John Maxwell, irrumpió en mi mente. ¿Y quién era yo? ¿Un chico de Oklahoma que había acabado al timón de aquella robusta nave por accidente?

Mientras contaba todas las responsabilidades que ahora recaían exclusivamente sobre mí, sentí la seguridad de que había sido llamado para aquel trabajo. Tenía doce años de experiencia en el liderazgo en mi haber y la determinación de hacer el trabajo. Reconocía las áreas donde la organización necesitaba mejorar y sentía la visión de adónde debía dirigirse. Pero no estaba seguro de que yo fuera el más indicado para el trabajo, y mucho menos de estar equipado para la tarea.

Afortunadamente, aquella memorable mañana de 2005 no era la primera ocasión en la que me había sentido llamado pero no equipado.

EL RANCHO LOST VALLEY

Doce años antes experimenté una serie de decepciones que me dejaron muy desanimado y me hicieron buscar el propósito de mi vida. Era estudiante de tercer año de Historia en la Universidad de Oklahoma y tenía un fuerte deseo de ejercer un rol de liderazgo. Había sido líder durante toda mi vida, desde la escuela primaria hasta la secundaria, culminando con mi elección para el cargo de presidente de la clase de último curso y capitán del equipo de fútbol del instituto. Motivado por un profundo deseo de influenciar, en la universidad decidí presentarme como candidato a presidente de mi hermandad. Perdí por un voto. Entonces me presenté como candidato a presidente del Consejo Interfraternal, el organismo que gobernaba todas las fraternidades del campus, y perdí por un margen mucho más amplio. A punto de finalizar el semestre, no tenía planes para el verano, y tampoco para la graduación después de mi último año.

Compartí frustraciones y dudas con mi amigo y hermano de la fraternidad Jason Shipman, quien me sugirió que fuera a trabajar con él a un rancho para turistas en

Sedalia, Colorado, durante el verano. Nunca había estado en un rancho para turistas, pero me gustaba estar al aire libre y abracé la posibilidad de una nueva aventura. Sin nada que me retuviese, decidí acompañarle.

Unos meses después llegué al rancho Lost Valley y pronto descubrí la historia del lugar. En 1961, «Big Bob» y Marion Foster compraron la propiedad con la intención de transformarla en un rancho del oeste de primera clase para vacaciones en familia. Lo que crearon fue el sueño de cualquier niño: un lugar donde los vaqueros modernos conducían el ganado durante el día y cantaban canciones alrededor de una hoguera bajo las estrellas. La magia del Salvaje Oeste llenaba el aire, mientras que los picos de las montañas de 3.600 metros se erguían orgullosamente a nuestro alrededor. El verano trotó como Bandido, mi caballo marrón y blanco. Por lo que a mí respectaba, era el corcel más increíble que jamás hubiera galopado por el Bosque Nacional de Pike.

Aquellos cuatro meses de cuento de hadas trajeron paz a mi alma cansada. Sentía que Dios había usado mis anteriores infortunios para llevarme al rancho Lost Valley por una razón, pero no tenía ni idea de que mi trabajo de verano estaba sembrando semillas para una nueva estación de la vida.

Después de graduarme en la universidad a la primavera siguiente, sabía que quería volver al rancho, aunque solo fuera por unos meses, antes de regresar a Norman, a la facultad de derecho en la Universidad de Oklahoma. Pero una vez de regreso en Lost Valley en primavera, los meses se convirtieron en años, y mis aspiraciones para acceder a la facultad de derecho se derritieron como la nieve de Colorado. No mucho tiempo después de mi llegada, el capataz del rancho,

Ben Martin, me dijo que pronto se iría y que quería que yo le reemplazase y dirigiese Lost Valley.

Mi corazón brincó ante la oportunidad de tomar las riendas de la organización, pero no tenía ni idea de cómo llevar un rancho para turistas. Aquel no se parecía a un trabajo de ciudad, dirigiendo a un puñado de universitarios recién graduados desde el despacho del director. Lost Valley disponía de ciento cincuenta caballos, doscientas cabezas de ganado, un centenar de huéspedes y cincuenta empleados. Estábamos a una hora de la ciudad más próxima y a dos horas del veterinario más cercano. Pero mi ansiedad palideció en comparación con mi sentido de propósito. Rápidamente accedí a tomar el cargo y me convertí en el capataz más entusiasta pero menos preparado de un rancho de cuatro estrellas en Estados Unidos.

A pesar de que no sabía mucho sobre lo que estaba haciendo, estaba decidido a triunfar. Me empapé de manuales de medicina veterinaria y gestión empresarial. Aprendí cómo liderar un equipo e inspirar a otros mediante la creación de un ambiente de desarrollo personal constante. El rancho prosperó durante los cuatro años que estuvo bajo mi supervisión, y hoy en día considero ese periodo como uno de los mayores logros de mi vida.

El ascenso en Lost Valley irrumpió en mi mente mientras estaba sentado en silencio en mi oficina diez años más tarde. De nuevo me enfrentaba a una gran oportunidad que me sentía llamado a aceptar, pero no preparado para manejar. Al igual que el graduado universitario convertido en vaquero una década antes, no tenía más elección que encontrar el camino a seguir.

LIDERAR AHORA

Después de liderar un movimiento de campañas de eventos para los líderes de las nuevas generaciones durante diez años, sé que no soy el único que ha tenido esta experiencia. He descubierto que hay muchos hombres y mujeres llamados pero aún no preparados que están influyendo en iglesias, empresas y organizaciones sin ánimo de lucro por todo Estados Unidos. Innovadores y apasionados, todavía necesitan dirección si quieren alcanzar todo su potencial.

Al dialogar con jóvenes líderes, la característica común que encuentro en todos ellos es el deseo de liderar *ahora*. Están emprendiendo proyectos creativos, iniciando nuevas organizaciones, escribiendo libros y sobresaliendo en grandes corporaciones. Estas personas no quieren subir la escalera; quieren catapultarse a posiciones de influencia. Enérgicos y apasionados, los líderes jóvenes quieren zambullirse de lleno y marcar la diferencia *ahora*.

Tal vez ese entusiasmo vocacional está atrayendo a más individuos influyentes en auge que en las generaciones anteriores debido a las singulares oportunidades del siglo veintiuno. Hace cincuenta años, los jóvenes se veían obligados a «esperar su turno» mientras sus mayores envejecían en despachos de dirección, salas de juntas y púlpitos. Sin embargo, hoy las organizaciones están abriendo sus puertas al idealismo y a las nuevas ideas que los jóvenes poseen.

Con treinta y un años, mi amigo Garrett abrió una compañía de producción que hace cortometrajes. En solo unos pocos años sus películas se han usado por todo el país para concienciar sobre la pobreza global y la injusticia. Con veintipocos años, mi colega Chris se convirtió en el director ejecutivo de una organización internacional con media docena de comunidades intencionales. Otro amigo, David, fue llamado a pastorear una congregación en crisis cuando tenía veintisiete años, y ahora dirige una próspera megaiglesia que está dando forma al futuro de las misiones mundiales. Mi corazón se llena de esperanza y expectativa ante lo que Dios quiere lograr mediante las generaciones más jóvenes.

Quizá nunca antes tantos líderes jóvenes habían estado listos para influenciar. Decenas de jóvenes de entre veinte y treinta años están dirigiendo empresas, organizaciones sin ánimo de lucro, iglesias y proyectos de innovación social. No tienen diez o quince años para hacerse una idea de cómo van las cosas; necesitan estar equipados y preparados *ahora*.

LIDERAR BIEN

Los líderes jóvenes de hoy han crecido con el entendimiento de que la tecnología es esencial para el éxito de la organización. Como generación instruida y diversa, piensan globalmente. Las organizaciones modernas necesitan estas cualidades como complemento a los trabajadores más veteranos a fin de poder competir en nuestro mundo cambiante.[1] Para bien o para mal, la gente joven puede tomar las riendas de la vida antes que nunca.

Además, los medios sociales e Internet proveen de oportunidades para empezar nuevas iniciativas, hacer seguidores y marcar la diferencia. Hace décadas, el camino estándar era esperar en la fila y avanzar laboriosamente hacia el reloj de oro. Ahora se puede fundar una organización con una página web de bajo coste para captar a una audiencia mayor y dejarles votar sobre la calidad de la idea. El camino hacia la influencia se ha truncado a medida que los líderes de hoy están circunvalando los canales usuales para alcanzar su llamado mucho antes. Muchos tienen plataformas que exceden su sabiduría, experiencia o madurez. Nuestra generación necesita una hoja de ruta para liderar *bien*.

Jon Acuff creció amando la escritura y empezó su carrera como editor en YellowBook.com. En su tiempo libre, escribía un blog satírico cristiano llamado «Stuff Christians Like»[2] [Cosas que gustan a los cristianos]. La gente empezó a conectar con sus contenidos, y pronto su blog se convirtió en una de las páginas cristianas más populares de la red. Comenzó a dar charlas por todo el país sin dejar de escribir y editar.

Cuando el locutor de radio Dave Ramsey se topó con el trabajo de Jon, le ofreció un puesto como miembro en su equipo clave. Jon aceptó y finalmente abandonó su tarea de editor. Como Jon narra en su reciente libro, *Quitter: Closing the Gap Between Your Day Job and Your Dream Job* [Cerrando la brecha entre el trabajo que tienes y el trabajo que sueñas], se siente más satisfecho hoy que nunca antes.[3] También está contento de poder usar su talento todos los días.

Recientemente Jon me recordó que jamás debemos comparar nuestro comienzo con el final de nadie. En vez de eso, debemos buscar el plan de Dios para nosotros mientras nos revela su propósito. Es importante que nos centremos en lo que Dios nos ha llamado a hacer a cada uno de nosotros, y no comparar nuestro propósito con el de los demás.

Pero la cultura contemporánea empuja a posiciones de influencia a gente que no está equipada para la tarea que se les ha encomendado. Algunos de mis mejores amigos están en la cima de grandes organizaciones, pero fracasan a la hora de guiar a sus equipos y liderar a estas entidades de forma correcta. Pienso en Billy, quien fundó una innovadora compañía de medios de comunicación hace unos años. Hacen un trabajo estupendo, pero se han estancado en la baja moral que resulta de la falta de un liderazgo capacitado y compasivo. Aunque el entusiasmo de Billy por el trabajo es contagioso, su organización se enfrenta a altas tasas de rotación.

He empezado a ver un patrón decepcionante entre los líderes jóvenes. Despegan como un cohete pero pronto se apagan. Su éxito inicial, cuando tenían el mundo a sus pies, se acaba casi tan rápido como empezó. Fracasos éticos. Desintegración del equipo. Desastre financiero. Problemas familiares. Con cada ejemplo de éxito pasajero, más convencido estoy de que debemos cultivar líderes que no solo lideren *ahora*, sino que lideren *bien*. Cuando las personas lideran bien, tienen más posibilidades de terminar bien.

A menudo caigo en los mismos errores. Llevado por mi visión para Catalyst y mis ambiciones personales, tiendo a perder de vista a los que me rodean. Muchas veces no despliego los ocho principios esenciales del buen liderazgo, como mis empleados pueden atestiguar. Pero el objetivo no es la *perfección*, sino más bien una *actitud* de avanzar hacia hábitos y características saludables. Olvidar estos principios esenciales puede destruir a una persona con influencia.

Mi amiga Sandra fundó una organización sin ánimo de lucro en la Costa Oeste para ayudar a los parados a formarse y conseguir un empleo. Pero su desmedido sentido de la ambición no se vio acompañado por la responsabilidad y el apoyo, por lo que su prometedora carrera terminó en un fracaso moral. A menudo me pregunto cuán distinta hubiera sido su historia si se hubiese centrado en liderar bien.

Podría enumerar a docenas de personas como mi amigo Matt, quien plantó una iglesia con una congregación prometedora y un talentoso equipo de liderazgo. La iglesia creció ininterrumpidamente, pero aquellas jóvenes promesas y su pastor de treinta y cinco años no estaban preparados para los retos de plantar una iglesia. Como tantos otros, se agotaron o abandonaron a los pocos años.

Los sospechosos habituales de la caída incluyen las expectativas no cumplidas, el fracaso personal y el estrés aplastante, pero por debajo de todos ellos está la necesidad de preparar a las personas influyentes en auge cuando se dan cuenta de su llamado. Algunos pueden lidiar con el hecho de estar llamados pero no equipados hasta que encuentran su camino; pero para otros es mortal. La ambición debe fundamentarse en la sabiduría. La inspiración debe ser ejercida con integridad. Los sueños deben construirse con límites. Y las pasiones necesitan la firme mano de los principios como guía.

DEJAR UNA MARCA

Las buenas noticias son que muchos jóvenes influyentes están liderando bien. He pasado más de una década en la nueva frontera del liderazgo cristiano y me abruma ver cuánta gente antepone la longevidad a la oportunidad. Estas personas influyentes expresan los ocho principios esenciales que les facultan para evitar las grandes trampas mientras buscan soluciones a los problemas de nuestro mundo y viven vidas que importan.

Los influyentes de hoy reconocen su llamado y tienen pasión por Dios. Son competentes y valientes, auténticos y ejemplares, ilusionados con el futuro y sin temor de colaborar con los demás. Como han elegido la integridad frente a la inmediatez, cumplen con ambas y sirven de ejemplo para el resto de nosotros. Te vas a encontrar con muchos de ellos en las siguientes páginas, y mi deseo es que sus historias te inspiren a andar por el mejor camino.

Para tener una idea más completa de cómo son los líderes cristianos de hoy me he asociado con Barna Research Group. Mediante una serie de preguntas pudimos sondear los pensamientos, opiniones y pasiones de 1.116 jóvenes autodenominados cristianos de a partir de dieciocho años. (Los resultados de este estudio sobre los «Líderes cristianos de hoy» se incluyen en el apéndice.) Nuestros hallazgos fueron sorprendentes, aunque muy reveladores acerca del futuro del liderazgo entre aquellos que siguen a Jesús. Mi deseo es combinar estos datos empíricos con elementos anecdóticos que te capaciten para convertirte en un agente de cambio allí donde te encuentres.

Curiosamente, nuestra investigación mostró que el 82% de los cristianos de hoy están de acuerdo en que «la nación se enfrenta a una crisis de liderazgo porque no hay suficientes buenos líderes ahora mismo». Como yo, la mayoría entiende los difíciles desafíos a los que se enfrentan las personas influyentes de este siglo y la necesidad de que aquellos que son capaces de liderar bien lo hagan por más tiempo. Este libro es para ayudar a ese 82% para que se conviertan en la respuesta a nuestra actual crisis de liderazgo.

Me encantaría poder decir que salí de mi oficina aquella importante mañana de 2005 y lideré con excelencia. Pero estaría mintiendo. Hubo momentos en los que tendría que haberme arriesgado y fui sobre seguro. Otras veces aposté y perdí. A menudo me envuelve la ambición ciega y el deseo de cumplir las tareas de mi lista de cosas por hacer y me olvido de reconocer a aquellos que me rodean y que merecen una buena parte del mérito. He tomado decisiones que ahora veo que fueron erróneas, y he fracasado más veces de las que puedo contar.

Recuerdo una ocasión en la que hice un comentario imprevisto e inapropiado acerca de un ayudante de organización en un evento de Catalyst. Sabía que había cometido un error, pero no lo subsané. También hubo un evento hace unos años en el que de forma unilateral decidí rediseñar el final de la última sesión a pesar de los avisos de mi equipo. Lo llevé a cabo sin tener en cuenta sus opiniones simplemente porque podía hacerlo. Fue un fiasco, y aprendí una valiosa lección.

Pero cometí uno de mis errores más graves una mañana de julio particularmente frustrante. Había llegado a la oficina justo a tiempo para descubrir que el resto de los miembros del equipo llegaba tarde. Sin detenerme a reflexionar, les bombardeé con un mordaz correo electrónico. Por desgracia, mi condescendiente nota llegó a sus bandejas de entrada en un momento en que se encontraban cansados, preocupados y sin energía. Mi irreflexivo intento de motivación se convirtió en un motín. Dos residentes se sintieron tan molestos por mis comentarios que se echaron a llorar, y diversos miembros del equipo casi dimiten en cuanto llegaron. Afortunadamente, uno de mis compañeros de más confianza me confrontó, y me disculpé en nuestra siguiente reunión de equipo. Aprendí que algo correcto expresado de forma equivocada es algo incorrecto.

Estas historias de fracaso ilustran que soy un líder imperfecto. He descubierto muchos de estos principios esenciales por el camino difícil. Estoy redactando este libro, en parte, para que puedas evitar los errores que yo cometí mientras sigues aprendiendo a liderar.

Catalyst ha sido bendecida con un equipo preparado y talentoso que lleva a cabo nuestra tarea aun cuando yo no lo hago. Como resultado, hemos pasado de organizar un evento al año a nueve eventos anuales, y ahora más de treinta mil personas influyentes se reúnen cada año bajo la bandera de Catalyst para hallar ideas creativas, nuevos pensamientos, sabiduría espiritual y el tan necesario estímulo.

Catalyst es una apasionada comunidad de cientos de miles de líderes jóvenes que buscan en nosotros una fuente de inspiración, capacitación y ayuda para un liderazgo práctico. Desde el año 2000, más de doscientos mil líderes se han reunido en estadios, iglesias y centros de convenciones, y miles más lo han hecho mediante nuestra comunidad y recursos en línea. El movimiento de Catalyst supera con creces mi visión e imaginación iniciales. A través de mis experiencias, me he encontrado con muchos líderes y he tomado nota de las características comunes entre las personas influyentes más eficaces. En este libro comparto contigo estas observaciones y reflexiones.

Como yo, tu instinto te empuja a influenciar, diferenciarte, dejar una marca. Estoy convencido de que hay miles de líderes que se parecen a mí cuando tenía treinta tres años, y tal vez tú seas uno de ellos. Estás sentado en una oficina vacía, con la puerta cerrada, enumerando obligaciones. Sabes que has sido llamado para la tarea que desempeñas, pero ansías la sabiduría de un buen liderazgo. Voy a compartir contigo lo que he aprendido de mi viaje y de las expediciones de los demás a fin de que puedas evitar los errores y las trampas más comunes mientras persigues tu vocación.

Mi amigo tenía razón: liderar *es* difícil. Pero la necesidad es mucho mayor. A medida que Dios te muestre las posibilidades y oportunidades que se abren ante ti, trabajemos no solo para liderar ahora, sino para liderar bien.

LLAMADO

ENCUENTRA TU SINGULARIDAD

> Cuando vivas la vida conociendo tu misión, tu propósito y la voz de Dios en tu alma, y sepas hacia dónde te impulsa esa brújula, te convertirás en un bien escaso en un mundo en busca de dirección.
>
> —ERWIN MCMANUS, CATALYST OESTE

CUANDO MIRAMOS ATRÁS EN NUESTRA VIDA, A MENUDO PODEMOS identificar el momento en que nuestros dones empezaron a burbujear y nos señalaron el propósito de Dios para nosotros. Recuerdo el día en que mi madre me llevó a la escuela primaria por primera vez. Bristow, Oklahoma, es un pequeño pueblo de cinco mil habitantes cerca de Tulsa. Como mi papá era director de la escuela secundaria y conocía a todos los maestros del sistema educativo, semanas antes me informó de que la Sra. Weaver sería mi profesora de primero. Con unos vaqueros nuevos, una fiambrera de *La tribu de los Brady* y un corte de pelo estilo tazón, estaba listo para conquistar el mundo. O al menos la escuela primaria de Bristow.

Mamá estaba orgullosa, recordándome al menos una docena de veces que me comportara y jugara de forma amable con los otros niños, pero también estaba emocionada. Yo estaba entusiasmado. Incluso a esa temprana edad, la idea de conectar con los demás me estimulaba. Cuando entré en el aula, colgué mi mochila en el colgador, encontré mi pupitre y empecé a memorizar el nombre de mis compañeros de clase. En retrospectiva, aquel fue probablemente el primer signo de mi llamado como líder.

Aquel deseo continuó aflorando con cada año que pasaba. En tercero fui uno de los capitanes del equipo de fútbol, y me hice con el papel protagonista de Pecos Bill en la obra de teatro de la escuela en sexto, el mismo año que fui elegido presidente de la clase.

De la escuela primaria recuerdo especialmente un enfrentamiento en relación al menú de la cafetería. Nuestro comedor solo servía batidos de chocolate, y yo estaba convencido de que el almuerzo no estaba completo sin los batidos de vainilla y fresa. Conduje al consejo estudiantil hacia la victoria en el enfrentamiento por los batidos, y aunque algunos dijeron que nuestro triunfo se debía a que mi papá era el director de la escuela secundaria, ¡yo afirmé que era el resultado de mi postura intrépida y acérrima frente a la oposición!

Aun en aquellos tiempos de la primaria, yo ya sentía una imperiosa necesidad de liderar, como un rugido en mi estómago. Quizá conoces la sensación. Algo en tu interior te empuja hacia el límite, hacia la primera línea, para hacer la diferencia y dejar una marca. Desde primero en la clase de la Sra. Weaver, intentando asegurarme de que todos nos conociéramos, hasta octavo, cuando me hice cargo de un nuevo baile de la escuela. En la escuela secundaria de nuevo sentí aquel rugido en el estómago cuando me eligieron presidente del consejo estudiantil. Y lo experimenté de nuevo en el instituto cuando me convertí en el presidente de la clase en el último curso.

Durante mis años de formación, intenté liderar en todo lo que hice, desde las obras de teatro de la escuela hasta las clases, pasando por convertirme en uno de los capitanes de los equipos de fútbol y baloncesto. Ansiaba estar al frente.

En mi segundo año de instituto, dos amigos y yo pusimos en marcha un grupo de rap. Yo hacía los ritmos bajo el nombre de Crème-L, un nombre del que en realidad estaba muy orgulloso por aquel entonces, y nuestro trío se comprometió a marcar la diferencia a través de nuestra «música». Cuando se lanzó la campaña contra la contaminación «No dejes tu basura en Oklahoma», escribimos una canción llamada «Limpia las calles». La tocamos delante del gobernador y frente a la Cámara de Representantes. Estoy seguro de que la cinta de nuestra actuación está escondida en alguna parte, y aún estoy más seguro de que jamás dejaré que nadie la encuentre.

Al acercarse mi último año de instituto, empecé a sopesar distintas trayectorias profesionales. Mis amigos y yo soñábamos con los grandes logros que nos esperaban. Algunos querían ser maestros o entrenadores de fútbol. Otros deseaban ser médicos, gerentes o ganaderos. Cuando llegó la hora de compartir el sueño para mi vida, no obtuve ninguna respuesta clara. Sabía que me encantaba conectar con los demás, reunir a la gente e invertir en liderazgo, pero aquello no era la descripción de ningún trabajo. ¿Podía hacer aquello en la política, la educación o los negocios? Tal vez. Todo lo que sabía era que me sentía llamado a liderar.

Finalmente llegó el día de la graduación, y como ejercía de presidente de la clase de último curso, me tocó anunciar los nombres de 130 graduados mientras cruzaban el escenario: nombre de pila, segundo nombre y apellidos. La música sonó y el desfile comenzó. Me acerqué al micrófono y, sin ninguna nota, llamé a cada uno por su nombre. Para muchos de los que estaban allí, recitar todos los nombres de memoria ya era todo un éxito. Pero para mí era normal, pues sentía una conexión con todos mis compañeros. Cuando recité el último nombre, mi mente retrocedió a la escuela primaria y reconocí un patrón que había estado emergiendo a lo largo del tiempo. Mirando atrás, el tesoro más importante que recibí aquel día no fue un diploma, sino un atisbo de mi llamado.

Aunque no me di cuenta en aquel momento, Dios había estado trazando mi camino. Abrió las puertas en la universidad para desarrollar redes de futuros líderes. Junté a miembros de fraternidades y hermandades rivales para un estudio bíblico regular. Tenía talento como conector, alguien que reúne a distintas personas y las equipa para trabajar hacia un objetivo común. Continuaría ejercitando esos dones y mi llamado mediante mi trabajo en revistas, medios de comunicación, contenido de páginas web, la hospitalidad y en conferencias.

CONOCE TU LLAMADO

Todo cristiano tiene dos propósitos en la vida: uno espiritual enfocado a la salvación y otro de tipo vocacional. La vida es demasiado corta para perderse alguno de los dos. Tus dos propósitos son independientes, aunque inseparables. El primero revela cómo vivirás el segundo. La comprensión de lo que Cristo ha hecho por nosotros produce un deseo de vivir para Él. Cuando hablamos del «llamado» de alguien, hablamos de la categoría vocacional que contesta a esta pregunta: «He decidido seguir a Dios, ¿pero cómo quiere Él que use mis dones y pasiones?».

En los años transcurridos desde mi graduación, me he dado cuenta de que vivir la vocación propia es un primer paso necesario para liderar bien y convertirte en un agente de cambio allí donde Dios te haya puesto. Si no entiendes tu propósito, acabarás atascado en el barro de la vida. Pero cuando vives tu llamado, tu trabajo será mejor, y querrás trabajar duro de forma natural. Es por eso que Catalyst ha incorporado la vocación a nuestros eventos y entramado organizativo.

Nuestro equipo trabaja duro para crear espacios donde los líderes puedan escuchar a Dios acerca de Su dirección para sus vidas. Seleccionamos personalmente a conferenciantes con una gran visión que retan a los asistentes a descubrir la visión que hay en su propio corazón. Si los participantes vienen a un evento de Catalyst desconociendo lo que Dios tiene planeado para sus vidas y se van sin acercarse ni un ápice a ese propósito, entonces hemos fracasado como equipo.

Nos hemos encontrado con que a menudo los participantes tienen la experiencia opuesta. Escuchamos a decenas de personas cada año que dicen que fueron alentadas a perseguir su llamado gracias a un evento de Catalyst. Cada año, puñados de personas se sientan en alguno de nuestros sofás y le agradecen a nuestro equipo el énfasis depositado en este importante tema. Con frecuencia, los asistentes ya estaban haciendo un gran impacto mediante su trabajo o ministerio, pero nuestro evento creó un espacio donde pudieron soñar con metas aun mayores.

Del mismo modo, cuando alguien se une a nuestro equipo, queremos asegurarnos de que esa persona esté en el mismo viaje. Mi deseo durante el primer año de trabajo de un miembro del equipo es tanto afirmar su llamado como liberar a la persona para que pueda perseguirlo en cualquier otro lugar. He establecido este objetivo porque deseo que el sentir de Catalyst, tanto interno como externo, sea equipar a la siguiente generación de cristianos influyentes para descubrir el plan de Dios para ellos. Si desconocemos nuestro llamado, liderar bien es imposible.

La interacción de Dios con sus seguidores a través de la Biblia parece indicar que el llamado tiene un gran valor para Él. Visitó a Moisés por medio de una zarza ardiente, le habló a Samuel mediante un eco a medianoche, interrumpió a Pablo en un encuentro en el camino y le dio visiones a Juan en una cueva remota. Pese a que los cristianos modernos no encuentren a Dios de la misma manera, creo que Él quiere compartir Sus planes para nosotros e inspirarnos para perseguir nuestro propósito de forma apasionada. Y cada vez que Dios habla, del modo que Él elija, siempre sucede un milagro.

Evaluando a algunos de los líderes cristianos emergentes de hoy, he descubierto algo profundo que tienen en común: *los líderes que causan el mayor impacto también tienen el sentido de propósito más fuerte.* Parecen saber la dirección que Dios les ha marcado y la siguen.

Britt Merrick es uno de esos líderes. Cuando era adolescente, Britt planeó tomar el mando de Channel Islands Surfboards, la emblemática compañía de su papá. Su padre, Al, es una leyenda en la industria. Britt creció en la industria surfista, codeándose con los famosos clientes de la empresa de su familia, que incluían al surfista más condecorado de todos los tiempos, Kelly Slater. Pero a los veintitantos años, Britt decidió seguir a Jesús y sus planes cambiaron.

> **COMPARTE EN** 🐦 ⬜
> Los líderes que causan el mayor impacto también tienen el sentido de propósito más fuerte.
> #LíderCatalizador

Empezó a sentir que Dios lo estaba llamando a plantar y pastorear una iglesia. Britt se cuestionó aquella intuición, pues parecía preparado para tomar otro camino. Sin embargo, después de mucho tiempo en oración decidió llevar a cabo lo que él creía que era su llamado personal. Doce años más tarde, lidera una de las iglesias más innovadoras e influyentes de la Costa Oeste. Su iglesia, Reality, tiene más impacto en la Costa Oeste y en la cultura surfista de California que ninguna otra iglesia. Pero Britt es solo uno de los muchos líderes apasionados por vivir su propósito.

Katie Davis es otro ejemplo. En 2007, con diecinueve años, viajó a Uganda para ser maestra en el jardín de infancia de un orfanato. Jamás regresó a casa. Sintió que Dios la empujaba hacia aquel país y sus niños. Hoy dirige un orfanato y un programa de apadrinamiento de niños que ofrece a cientos de ellos educación, comida, cuidados médicos y discipulado cristiano. Katie, fundadora de Amazima Ministries, es ahora madre soltera después de haber adoptado a catorce niños ugandeses. Hubiera sido más fácil para Katie terminar la universidad y perseguir el sueño americano, pero Dios tenía algo mejor reservado para ella.

Tras escuchar a Katie compartir su historia en nuestro evento de Catalyst en Atlanta, decidí crear un fondo de becas para poder enviar a los catorce hijos ugandeses de Katie a la universidad. En aquel momento, me sentí fuertemente motivado por Dios para hacer algo más por Katie y su familia. Mientras subía de nuevo al escenario después de la entrevista con ella, decidí crear el Fondo de Becas Katie Davis. Katie respondió:

> La gente me dice que soy valiente. La gente me dice que soy fuerte. La gente me dice que hago un buen trabajo. Bueno, pues esta es la verdad: no soy tan valiente, no soy tan fuerte y no estoy haciendo nada espectacular. Solo estoy haciendo lo que Dios me llamó a hacer como Su seguidora. Alimentar a Sus ovejas, a los más pequeños de entre Su pueblo.[1]

Cuando decidí crear el fondo de becas, no tenía ni idea de cómo íbamos a lograrlo, pero quería vivir realmente el principio de poner a los demás por encima de nosotros mismos. El equipo de Catalyst quedó tan impresionado por lo que Katie había conseguido a una edad tan joven, que nos sentimos movidos a actuar. Este es un ejemplo de cómo queremos que los demás destaquen en nuestros eventos de Catalyst: queremos centrarnos de forma deliberada en celebrar a los demás. De hecho, los derechos de autor de este libro se usarán para ayudar a financiar la universidad de los hijos de Katie, junto con otros cuantos proyectos benéficos estratégicos que queremos patrocinar mediante los beneficios.

Una vida de buen liderazgo: Wess Stafford

Wess Stafford conoce su llamado y lo vive sin disculparse. Como presidente de Compassion International, ha dedicado su vida a cuidar de los niños que viven en la pobreza en todo el mundo. Y lo hace en el nombre de Jesús.

Conocí a Wess cuando vino a dar una charla en un evento de Catalyst Oeste. Un cabello rubio rojizo y una suave sonrisa disimulaban su estatus de reconocido defensor de los niños a nivel internacional, cuya organización colabora con sesenta denominaciones y miles de iglesias locales. Mi amigo Mike Foster, que había acompañado a Wess en un viaje de Compassion unos meses atrás, me advirtió de que conocer a Wess cambiaría mi vida. Yo no tenía ni idea de lo acertado que estaba Mike.

Cuando me presenté, Wess me dio un abrazo de oso y unas palmaditas en la espalda. Con auténtica humildad, expresó lo honrado que se sentía de formar parte de nuestro evento. Mientras hablábamos de su trabajo, desbordaba su profunda pasión por Dios y el compromiso inquebrantable con Jesús y con los niños a los que servía. Escuchándole hablar, me encontré deseando ser como él. Vivir como él. Perseguir mi llamado con la misma tenacidad. Wess es una de esas personas por las que sencillamente no puedes evitar sentirte inspirado. Y cuanto más conocía a Wess, más podía sentir su profundo llamado a rescatar a los niños en el nombre de Jesús. Él anhela sacarlos de la pobreza y darles esperanza.

Más tarde, un miembro de su equipo me contó que cuando Wess visita un proyecto de Compassion, tienen dificultades para mantenerlo localizado. Desaparece en un abrir y cerrar de ojos. Le encuentran agachado lo necesario para abrazar a los niños, conversar con ellos a su mismo nivel. Quiere entender y amar a aquellos a quienes sirve. Qué imagen tan preciosa de vivir el evangelio y perseguir un profundo sentido de propósito.

Wess cree que esta generación de líderes cristianos va a expulsar la pobreza extrema del planeta. Como hijo de misioneros en Costa de Marfil, a Wess se le partía el corazón cuando sus amigos africanos morían por la cruel realidad de una vida en la pobreza. Su llamado a luchar contra estas atrocidades le llevó a Compassion en 1977, y ha servido como presidente desde 1993. Cuando Wess sintió a Dios conmover su corazón para cuidar de los niños en necesidad, no sabía cómo iba a lograrlo. Pero hay más de un millón de niños en veintiséis países que seguro que están contentos de que lo hiciera.

Por supuesto, Dios no siempre llama a Sus seguidores a misiones o ministerios a tiempo completo. Tomemos como ejemplo a Scott Harrison. A los veintitantos años, era uno de los promotores de discotecas más importantes de Nueva York. Ganaba montones de dinero, tenía un estilo de vida glamuroso y disfrutaba de los lujos de la Gran Manzana. Pero en su interior no estaba satisfecho. Sabía que Dios le había preparado para algo más. Algo que afectara a personas en todo el mundo, no solo en los escenarios nocturnos de Nueva York.

Cuando cumplió treinta años, tomó la valiente decisión de dejar su trabajo y fundar una organización llamada charity:water. Empezar una organización sin ánimo de lucro era arriesgado, pero Scott estaba seguro de que aquello era lo que Dios quería que hiciese. Más de seis años después, su organización ha suministrado agua potable a millones de personas y ha revolucionado el modo en que las organizaciones benéficas estadounidenses operan. Tiene la esperanza de erradicar la crisis mundial del agua en los próximos veinte años. Nada de esto hubiera sido posible sin su fuerte sentido de llamado personal y el coraje de llevarlo a cabo.

> Nuestro sentido de vocación debería ser como una aventura épica que se abre ante nosotros.
>
> —CHRISTINE CAINE, COFUNDADORA DE A21 CAMPAIGN

Mi DVR está programado para grabar *Supervivientes, El aprendiz: Celebridades, Shark Tank* y *La voz*. ¿Conoces al productor ejecutivo que hay detrás de todos estos programas? Mark Burnett. Durante los últimos quince años se ha convertido en una leyenda en la industria del entretenimiento, y a menudo se le atribuye la creación de la moda global de los *realities* televisivos. Pues bien, él y su esposa, Roma Downey, actriz de *Tocados por un ángel* y celebridad por derecho propio, se sienten llamados a crear un nuevo proyecto para una serie de televisión titulada *La Biblia*. Ambos comparten el sentido de llamado y propósito para aprovecharse de la influencia que han creado mediante sus carreras para compartir el evangelio. He podido trabajar con ellos para promover esta causa, y les cuento entre los mejores ejemplos de personas que viven su fe y vocación en la industria del entretenimiento.

Escucha a Mark Burnett hablando sobre el proyecto *La Biblia*. http://catalystleader.com/markburnett [el sitio web de catalystleader.com está disponible solamente en inglés]

Al igual que Britt, Katie, Scott y Mark, la próxima generación de cristianos influyentes siente pasión por encontrar y perseguir sus propósitos divinos. No quieren pasarse treinta o cuarenta años en un puesto de trabajo que fracase a la hora de satisfacer sus anhelos más profundos. En cambio, esta generación quiere encontrar una trayectoria profesional que utilice tanto sus talentos como sus pasiones. Están encontrando y viviendo su llamado, y eso nos hace mejores a todos.

DESCUBRE TU PROPÓSITO

Por desgracia, muy pocos líderes de hoy entienden el propósito de su vida. Deambulan por la vida, errantes, sin ningún sentido de dónde les está llevando Dios. En nuestro estudio, solo un 3% dijo que el «propósito» era la cualidad de liderazgo que les definía. Esa cifra desciende hasta un mísero 1% en aquellos de edades comprendidas entre 18 y 39 años. Solo alrededor de un tercio de los cristianos (34%) se sienten llamados a trabajar donde están actualmente. Esto me indica que muchos jóvenes líderes cristianos no han encontrado su vocación, o que al menos su trabajo actual no los satisface. De acuerdo con nuestro estudio, los cristianos más jóvenes son más propensos que los cristianos de más edad a confesar que jamás han considerado la idea de ser llamados para su rol actual.

Existen muchas razones para este despropósito. Algunos simplemente complican o confunden la cuestión. En los últimos cinco años, cada vez más líderes jóvenes me han preguntado a menudo por la vocación profesional. Se dan cuenta de su importancia, se obsesionan con encontrarla y se frustran con la búsqueda. He descubierto que mucha gente cree que la vocación es un tesoro escondido que hay buscar por tierra, mar y aire. Se sienten atrapados en un juego cósmico donde debes buscar y encontrar tu propósito escondido. La irritación se intensifica a medida que tratan de localizar un mapa que les conduzca claramente hacia el propósito de su vida.

Pero la vocación no es una olla llena de monedas de oro al final del arcoíris. No está profundamente enterrada bajo la tierra en un suelo sin marcar. Dios quiere que usemos nuestros dones y pasiones, y los ha depositado a simple vista. Muchos de nosotros adoptamos la perspectiva de que nuestra vocación es un tesoro misterioso y escondido para el que no existe mapa. Pero he descubierto que el llamado de Dios es visible y más fácil de identificar de lo que podríamos pensar.

> En vez de preguntarte cuándo serán tus próximas vacaciones, mejor construye una vida de la que no necesites escapar.
> —SETH GODIN, ESCRITOR

Kent Humphreys, escritor, director ejecutivo y asesor de empresas, me dijo una vez que la vocación de tu vida suele ser visible a una edad temprana, y que a menudo emerge entre los cinco y los diecinueve años. Él anima a la gente a volver la mirada a su infancia y a sus años de formación hasta el final de la adolescencia y evaluar aquello que les apasionaba, en lo que eran buenos y lo que les atraía. Cuando miro hacia atrás a los años de mi formación, veo cómo aquellos cruciales momentos de liderazgo, desde luchar por un batido hasta convertirme en capitán del equipo de fútbol, me moldearon para hacerme como soy.

Cada uno de nosotros llevamos integradas las instrucciones claras y concisas para saber cómo aceptar el propósito de Dios para nuestra vida. Estas instrucciones son tus talentos y pasiones, y no deberían ignorarse, porque cuando combinas estos dos componentes fundamentales liberas la tarea que Dios tiene para ti. El llamado no tiene que ver necesariamente con un título, una posición o una determinada carrera, sino que más bien se trata de una visión y un propósito para tu vida que abarca todas las estaciones de tu vocación.

A menudo se me acerca algún joven, quizá uno de nuestros universitarios en prácticas en Catalyst, y me pregunta: «¿Cómo puedo descubrir mi propósito?». Les respondo pidiéndoles que hagan memoria de sus vidas y se hagan preguntas como: «¿Qué eventos te dieron energía y cuáles te dejaron agotado? ¿Qué proyectos te hicieron quedarte levantado hasta tarde o te hicieron madrugar para trabajar en ellos? ¿Cuándo fuiste capaz de hacer algo con facilidad que a los demás les habría resultado dificultoso?».

En lugar de descubrir tesoros escondidos que nadie sabía que existían, les doy el espacio para reconocer lo que Dios ya les ha estado revelando en sus vidas. Mi consejo para las personas presas en esta rutina siempre es que recuerden su infancia, cuando las grandes presiones de la vida aún no les habían alcanzado.

LOS PELIGROS DE LA AMBICIÓN

Otra razón por la que la gente no descubre su llamado es que son demasiado ambiciosos para su propio interés. Están demasiado preocupados ganando montañas de dinero, llevando una vida confortable o siendo respetados o conocidos. Así que terminan dedicándose a lo que *podrían* hacer en vez de a lo que *deberían* hacer.

Empecé a descubrir esta verdad en la universidad. Durante los dos primeros años me decidí por la carrera de matemáticas porque pensé que ser maestro era el «llamado» correcto para mí. Después de todo, era el negocio familiar. Pero cuando llegué a Cálculo III, me sentía muy deprimido. Sabía que había elegido el camino equivocado y no podía imaginarme pasar el resto de mi vida enseñando matemáticas, así que decidí prepararme para la facultad de derecho especializándome en historia. Supuse que eso me capacitaría para ganar grandes cantidades de dinero y adquirir notoriedad e importancia. Pero aquello tampoco me funcionó.

Fui a Lost Valley después de la graduación en parte porque parecía algo heroico. Yo era bueno en mi trabajo y me gustaba montar a caballo y jugar a los vaqueros, pero aún no estaba en mi punto. Después de unos cuantos años, los pilares de mi vida parecían estar estancados en el lodo. Había soñado con ser importante e influyente desde niño, pero había fracasado en el intento. Me sentía llamado a liderar a otros, pero también me sentía atascado. De puertas afuera, era bastante feliz. Pero en mi interior sentía un hondo y secreto sentido de frustración y decepción con lo que estaba haciendo. Soñaba con trabajar en el estrado del Senado estadounidense a los veinticinco años, pero en su lugar estaba recogiendo estiércol. Literalmente.

La frustración se intensificaba cada vez que me encontraba con viejos amigos. Varios de ellos se habían hecho médicos o abogados. Otros estaban subiendo la escalera corporativa de las empresas de *Fortune 500*. A diferencia de mí, eran rápidos en hacerse ricos y tener éxito. No fue hasta muchos años después que me di cuenta de que el dinero y el éxito del mundo no valían la pena. Ahí es cuando me sentí cómodo siendo quien Dios me había hecho ser.

A menudo les recuerdo a los líderes emergentes que vivir su llamado puede que no les haga ricos ni les haga aparecer en la portada de una revista. De hecho, puede que tengas que hacer volar por los aires tus estándares financieros. Demasiada gente piensa que si no está poniendo en marcha una avanzada organización sin ánimo de lucro, pastoreando una gran iglesia o sentada en un despacho ejecutivo de una compañía de la lista de *Fortune 500* entonces, tal vez no han encontrado su propósito. Pero a menudo ya están viviendo su llamado de forma inconsciente.

¿Estás involucrando tus pasiones en tu profesión actual? ¿Eres bueno en lo que haces? ¿Disfrutas de tu trabajo o solo lo soportas? ¿El mayor objetivo de la semana es llegar al fin de semana? ¿O sufrir hasta las próximas vacaciones? ¿Lo que *haces* es una extensión de lo que *eres*? Muchos líderes van por la vida soportando lo que hacen en vez de amarlo. Es cierto, la vida no siempre es glamurosa o emocionante. ¿Pero alguna vez te despiertas con los ojos bien abiertos ante la expectativa de que tienes oportunidades para usar los dones y pasiones que hay dentro de ti?

Perseguir la vocación es un trabajo duro. Para unos pocos elegidos será como el maná de Dios. Pero para la mayoría de nosotros, requiere tiempo, perspectiva, oración y periodos de lucha discernir lo que Dios tiene para nosotros. ¿Sigues luchando? ¿O solo esperas a que aparezca, a que se presente ante ti en bandeja?

8 preguntas sobre la vocación que hacerse a final de año
http://catalystleader.com/eightquestions

Dependiendo de tus respuestas, puede que descubras que estás justo donde debes estar. Si es así, haz caso del consejo de Rick Warren, que anima a las personas a que se centren en mantenerse fieles en el lugar y momento en el que están. Deja que Dios se responsabilice del resto. «Sé fiel allí donde estés —dice—. Dios es responsable de lo grande que llega a ser tu influencia».[2]

Sin embargo, los demás *están* en el camino equivocado, y el cambio es tan necesario como inminente. Incluso la expectativa puede ser paralizante. En nuestra encuesta, les preguntamos a los cristianos que trabajaban si creían que «Dios les estaba llamando a hacer algo más en términos de trabajo, pero aún no han estado dispuestos a cambiar a causa de su situación actual». Un 9% estuvo muy de acuerdo, otro 26% estuvo algo de acuerdo. En otras palabras, más de uno de cada tres cristianos sienten un empujoncito de parte de Dios dentro de ellos instándoles a hacer algo más con sus vidas, pero no han encontrado el valor para apretar el gatillo.

Para algunos, sospecho que el miedo a lo desconocido es lo que les retiene. *¿Podré pagar las facturas si hago un cambio? ¿Tendré éxito en un área para la cual no tengo* *experiencia*? A otros les atenaza el miedo al cambio. *La vida me va bastante bien ahora. ¿Realmente quiero echarlo todo a perder por un cambio*? Pero pienso que muchos fracasan en su llamado debido al miedo a la irreversibilidad. *¿Qué pasa si cambio de profesión y acabo odiándola? Me quedaré estancado.* Sin embargo, la búsqueda de la vocación no es una condena a cadena perpetua.

Nuestra generación, tal vez más que las anteriores, experimenta la vocación por etapas. Mi abuelo fue maestro durante cuarenta y cinco años. Mi padre se dedicó a la enseñanza durante cuarenta y cinco años. Pero yo probablemente experimente cinco o seis temporadas de llamamiento durante mi vida vocacional. Esto también es cierto para mis amigos y compañeros, muchos de los cuales son «agentes libres» y se sienten cómodos participando en muchos proyectos a corto plazo en vez de dedicarse a una profesión de por vida.

Cuando les preguntamos a los encuestados si la vocación de una persona duraba toda la vida, la mayoría de la gente respondió que no. De hecho, casi el 70% no ve la vocación como una única realidad inmutable.[3] Los líderes de hoy ya no ven la vocación como una condena a cadena perpetua, trabajando en la misma profesión y con la misma organización durante toda la vida. Tus dones y pasiones a menudo te guiarán hasta un área de trabajo o un tipo de trabajo, pero con frecuencia te desplazarás dentro de ese registro. Y eso está bien. Mientras no se use como excusa para saltar de proyecto en proyecto y huir del compromiso con una trayectoria particular, nos permite relajarnos, dar un paso atrás y nos facilita alcanzar el lugar especial que Dios tiene para cada uno de nosotros.

Evidentemente, el llamado también tiene un lado oscuro, en especial para aquellos de nosotros que nos consideramos líderes de tipo A. Si no lo encauzamos, el propósito puede convertirse en una fuerza negativa en cualquier organización. Puede asfixiar a los miembros del equipo, derribar los límites saludables y anular la gracia en medio del fracaso. Así que debemos aprender a temperar nuestro sentido de vocación, siendo conscientes de que la ambición desenfrenada puede transformar a un líder convincente en un ideólogo. La pasión puede convertirse en obsesión. Avanzar a paso ligero puede escalar en una carrera a toda velocidad que ponga a la gente en una situación difícil.

Si esto te suena, construye mejores límites. No permitas que tus ambiciones te cieguen ante las necesidades del equipo, la salud de la organización o el bienestar de tu familia. Si eres como yo, tiendes a dejar a los demás en la cuneta de la carretera mientras te diriges a toda velocidad hacia tu objetivo. Así que dales permiso a los demás para hacerte retroceder cuando vayas demasiado lanzado. Encuentra a un mentor o a un compañero que pueda asegurarse de que moderas tus pasiones. Crea una responsabilidad en tu estilo y sistema de liderazgo que te obligue a hacer ajustes rápidos cuando pierdas el norte, y dale permiso a los miembros del equipo para hablarte con libertad y desafiarte.

Nunca temas subir una montaña, superar una dificultad o maniobrar alrededor de un obstáculo que te impide lograr lo que crees que Dios te ha llamado a hacer. Pero nunca dejes que esa búsqueda destruya a las personas y sistemas que necesitarás para seguir adelante cuando la polvareda se asiente.

DESARROLLA UNA DECLARACIÓN DE VOCACIÓN

Durante cinco años formé parte del equipo que producía la revista *Life@Work* [Vid@ en el trabajo], una publicación comprometida a luchar mediante temas de fe y vocación. Teníamos una definición de *vocación* sobre la cual se basaba todo nuestro trabajo, y sigo creyendo que es la mejor de todas: «Una invitación personal de Dios para trabajar en Sus planes, usando mis talentos de una forma eternamente significativa». Para algunos de nosotros, la invitación apareció un día en nuestro buzón con nuestro nombre. Pero para la mayoría de nosotros, requiere tiempo y oración y un periodo de discernimiento.

Hacer las preguntas correctas es fundamental para distinguir el propio llamado. A menudo nos equivocamos en las preguntas y después nos asombramos de que las respuestas sean tan insatisfactorias. Buscar la voluntad de Dios para tu vida empieza con preguntarte: «¿Qué me mantiene despierto por la noche cuando debería estar durmiendo?». La respuesta mostrará lo que te apasiona, lo que te hace llorar, lo que perdura en tu mente cuando el mundo se oscurece. La segunda pregunta que deberías hacerte es: «¿Qué me despierta por la mañana cuando todavía debería estar durmiendo?». La respuesta revelará aquello que valoras, con lo que estás comprometido y que te emociona.

Hacerse este tipo de preguntas es la clave para encontrar las respuestas correctas. He aquí algunas otras preguntas que pienso que pueden ayudarte a descifrar tu invitación de Dios:

1. ¿Cuáles son tus pasiones y dones? En la intersección de estos dos elementos encontrarás el propósito para tu vida.

2. ¿En qué te gustaría trabajar o qué harías sin cobrar? A menudo esto es una buena señal de lo que Dios te ha diseñado para hacer.

3. ¿Qué te motivaba cuando eras niño? ¿Te sigue motivando? Conocer tu vocación a menudo está directamente relacionado con las pasiones y los dones de la infancia.

4. Si no pudieras hacer nada y tuvieras que aceptar un recorte salarial, ¿qué sería? Puede que tengas que dinamitar tus objetivos financieros a fin de perseguir tu verdadero llamado.

5. ¿Qué barreras te impiden que persigas tu verdadera vocación? ¿Puedes empezar a quitarlas?

6. Si no estás ejercitando tus dones y talentos donde estás ahora, ¿podrías hacer cambios en tu papel actual para hacerlos partícipes? No descartes la posibilidad de que allá donde estás es donde necesitas estar.

Una vez que hayas respondido a estas preguntas, te sugiero que redactes una declaración de vocación para tu vida. Recuerda escribirla a lápiz, no a tinta, ya que puede que cambie con el tiempo. Mi declaración de vocación dice: «Influenciar a personas influyentes reuniéndolas, inspirándolas, conectándolas y equipándolas para que se conviertan en agentes de cambio».

Tómate el tiempo necesario para redactar tu propia declaración de vocación, porque Dios tiene un propósito único que desea cumplir en ti. Es tu hueco, tu singularidad, ese algo específico y significativo que Dios tiene para ti. Seguro que los demás harán un trabajo similar al tuyo, pero no pueden hacerlo exactamente como tú. ¿Por qué? Porque tú eres el único tú que hay. Ser un líder catalizador significa que estás trabajando para identificar, entender y seguir el llamado único de Dios para tu vida con pasión y paciencia. Y una vez que encuentres esa vocación, guárdala como un tesoro precioso.

El llamado supremo importa. Cuando te preocupes profundamente acerca del porqué, por qué haces lo que haces, entonces y solo entonces estarás funcionando de manera que puedas superar los obstáculos.
—DAVE RAMSEY, ESCRITOR Y LOCUTOR DE RADIO

En la trilogía de *El señor de los anillos* de J. R. R. Tolkien, encontramos a Frodo preguntándose por qué ha sido elegido para llevar el anillo mágico en un viaje tan peligroso. Al igual que nosotros, Frodo duda de que un hombre tan exiguo como él pueda realizar de forma efectiva una tarea de tales proporciones. «Pero has sido elegido —le dice Gandalf a Frodo—. Y necesitarás de todos tus recursos: fuerza, ánimo, inteligencia».[4]

Reflexionando sobre esta gran cita, el escritor y pastor John Ortberg dice: «Esta sensación de haber sido llamado, el mérito de la misma, la gloriosa bondad de una vida vivida más allá de un plan individual, es algo precioso. A veces se subvierte en grandiosidad. Tal vez más a menudo se pierde en el ministerio de lo mundano. Debe ser preservada».[5]

Cuando encontremos las cálidas brasas del llamado de Dios dentro de nosotros, debemos avivar fielmente esas llamas. Dios desea que arda en nosotros el sentido de misión, que nos impulse hacia delante en el peligroso viaje al cual llamamos vida. Mi graduación es un recuerdo lejano, pero la chispa de propósito que sentí aquel día ha continuado ardiendo. Creo que Dios tiene un propósito único que desea llevar a cabo en cada persona que Él crea. Ha esculpido un camino específico y significativo para todos nosotros. Este rumbo divino no es misterioso ni esquivo, pero andar por él requiere sacrificio. Sin embargo, puedes estar seguro de que lo que ganas es mucho más de lo que pierdes.

CINCO LÍDERES LLAMADOS QUE DEBERÍAS CONOCER

- **AUSTIN GUTWEIN | HOOPS OF HOPE**

  Después de que Austin, a los nueve años, viera un vídeo sobre niños que habían perdido a sus padres debido al SIDA, se sintió llamado a hacer algo. Hoy, Austin dirige una organización que levanta fondos mediante un maratón anual de baloncesto. Hasta la fecha, Hoops of Hope ha recaudado 2,5 millones de dólares.

- **SHAUNA NIEQUIST | ESCRITORA, CONFERENCIANTE Y MADRE**

  Shauna es una comunicadora increíble (y también la hija de Bill Hybels, así que a lo mejor es algo genético) que sabe equilibrar su vocación como escritora, conferenciante y madre. Es la autora de múltiples libros como *Cold Tangerines* [Mandarinas frías] (Zondervan, 2010) y *Agridulce: cuando la vida es dulce da gracias y celebra. Cuando sea agria da gracias y crece* (Vida, 2011), que han impactado a muchos miembros de la generación más joven.

- **BRYSON Y EMILY VOGELTANZ | DO SOMETHING NOW**

  Bryson y Emily están comprometidos a ayudar a la siguiente generación de líderes a enfrentar las muchas injusticias que destruyen nuestras comunidades. Son parte del equipo de Passion Conferences, y desean dar a conocer y encontrar soluciones a las injusticias.

- DANNY WUERFFEL | DESIRE STREET MINISTRIES

  Puede que conozcas a Danny como *quarterback* y ganador del campeonato nacional de la NCAA, pero en los últimos años ha seguido su llamado a ayudar a los pobres. Su ministerio prepara a líderes en contextos empobrecidos para transformar comunidades quebrantadas en lugares deseables para vivir.

- CHARLES JENKINS | FELLOWSHIP MISSIONARY BAPTIST CHURCH

  Con veinticuatro años y recién salido del seminario, Charles fue convocado al despacho de su legendario pastor de ochenta años. «Charles —dijo el predicador—, eres mi hombre». Hoy Charles pastorea esta histórica iglesia en Chicago. Con la pasión de ayudar a los necesitados y una gran carga por su ciudad, Charles ha provocado un impacto eterno al vivir su vocación.

2

AUTÉNTICO

LIBERA TU YO REAL

Sé tú mismo. La autenticidad siempre triunfa.
—CRAIG GROESCHEL, CATALYST OESTE

MICHELLE, MI AYUDANTE, ME ENTREGÓ EL CORREO COMO CADA DÍA, pero aquella pila de cartas parecía distinta. En lo alto del montón había un sobre impreso en cartulina de color marfil con un ribete dorado.

«Parece que hoy te ha llegado algo oficial por correo», comentó señalando el sello presidencial estampado en relieve.

Le di las gracias por entregarme la correspondencia antes de abrir cuidadosamente el sobre para no romperlo. Dentro había una invitación del presidente para asistir al desayuno de oración de Pascua en la Casa Blanca con instrucciones para confirmar mi asistencia. Faltaba una semana para el evento, pero inmediatamente respondí por correo electrónico con la información requerida a efectos de seguridad.

Cuando te invitan a la Casa Blanca, vas.

Al siguiente lunes me desperté inundado de inseguridad. *¿Por qué me requieren en un evento tan prestigioso?*, me pregunté. A pesar de mi confusión, hice la maleta y me dirigí hacia el aeropuerto de Atlanta.

Después de registrarme en el hotel, me encaminé a la Casa Blanca como decía la invitación, todavía medio esperando una llamada en mi teléfono que me informara de que me habían invitado por error. Al acercarme a la entrada suroeste de la casa más famosa de Estados Unidos, me apercibí de una pareja bien vestida que esperaba que les atendiesen.

«¿Es esta la entrada para el desayuno de oración?», les pregunté. «Sí», me respondió el hombre. La pareja se volvió hacia mí y me sonrió, y entonces me di cuenta de que estaba en la fila detrás de Joel y Victoria Osteen.

Después de atravesar la seguridad de la Casa Blanca, mucho más invasiva que los controles aeroportuarios de la Trans States Airlines, accedí por las puertas laterales de la entrada este y pisé la alfombra con el emblema presidencial. Visitar la Casa Blanca le inviste a uno con un sentimiento de poder e importancia difícil de describir. Los agentes del servicio secreto observan todos tus movimientos. Los residentes y el personal se apresuran de una a otra habitación. Retratos de expresidentes salpican las paredes, intercalados con fotografías del presidente actual y su familia.

De camino a la Sala Este atravesé la pasarela hacia el nivel inferior del sótano de la Casa Blanca. Empecé a reconocer las salas por los recortes de prensa y programas de televisión.

Una mujer en un mostrador me entregó una credencial y me dirigió hacia las escaleras que conducían a la entrada principal de la sala donde nos reuníamos. Personal militar de uniforme flanqueaba firme la puerta, y las melodías de una orquesta llenaban el aire. Un camarero me ofreció un zumo de naranja en una bandeja plateada. Todo un cambio respecto a los envases individuales con cañita a los que estaba acostumbrado.

Caminé por el pasillo principal por donde los grandes presidentes habían caminado, entré en la histórica Sala Este y me encontré en medio del quién es quién de los líderes cristianos. Bill Hybels, pastor de Willow Creek, estaba a mi izquierda. Kirbyjon Caldwell, pastor de una megaiglesia metodista, estaba a mi derecha, conversando absorto con el reverendo Al Sharpton. El pastor Joel Hunter, importante consejero espiritual del presidente Obama, me saludó desde el otro lado de la habitación.

Me sentí tentado a mezclarme con aquellos impresionante invitados, pero mi estómago rugiente me llevó hacia un camarero con una bandeja de aperitivos. El recuerdo más vívido que tengo de aquel evento son los minipanecillos de salchicha. Sabían a lo que debe saber la comida presidencial, fundiéndose en mi boca. Quería meterme unos cuantos en el bolsillo para degustarlos más tarde, pero no quería ser «ese tipo». Tomé un par, le di las gracias al camarero y encontré el asiento que tenía asignado.

El presidente llegó unos treinta minutos tarde, elegantemente tarde, como se debe esperar. Estrechó manos, palmeó espaldas, rió y manejó hábilmente al público. Joshua Dubois, director ejecutivo de la Oficina de Iniciativas Religiosas y Comunitarias de la Casa Blanca, le acompañaba. Mientras se abrían camino hacia mi mesa, intenté planear qué diría. Todos los demás parecían gastar sus diez segundos con el comandante en jefe presumiendo de sus logros, y yo no quería quedar mal. *¿Debía empezar con «Hace ocho décadas y siete años» o buscar una frase no tan conocida de algún otro padre fundador en mi iPhone?* Decidí ser yo mismo y ser espontáneo.

«Sr. Presidente —dijo Joshua—, este es Brad Lomenick. Dirige una comunidad de jóvenes líderes cristianos llamada Catalyst».

«Bienvenido, Brad —dijo el presidente Obama—. He oído cosas buenas acerca de tu trabajo».

Dije lo primero que se me vino a la mente: «Gracias, señor Presidente. Encantado de conocerle. Por cierto, buen lanzamiento».

Soy un ávido entusiasta de los deportes, y recordé que pocos días antes de aquel evento el presidente se había lesionado jugando a baloncesto.

El presidente se rio y sonrió, tal vez alentado por la falta de autoalabanza que había recibido por parte de muchos otros invitados.

«Encantado de conocerte, Brad».

Como he reflejado en este intercambio, aprendí una gran lección acerca del liderazgo: soy mejor cuando soy yo. Todo líder se enfrenta a la tentación de proyectar un personaje en vez de ser ellos mismos. Piensan que para conservar la confianza de su equipo deben aparentar ser impecables, perfectos y siempre sabios. Sin embargo, la mayoría de las organizaciones necesitan un líder auténtico, no uno perfecto.

Muchas veces he tenido la tentación de fingir que soy otra persona. Cuando aterricé en Catalyst hace una década, me sentí abrumado por lo genial que parecía ser todo el mundo. El equipo diseñaba elegantes gráficos y logos. La creatividad fluía como un río, aliñada por una perspicaz consciencia de las tendencias del momento. Asimismo, la comunidad de Catalyst es notoriamente innovadora, actual y me atrevería a decir que a la moda. Los vaqueros ajustados son omnipresentes en nuestros eventos, pero yo me siento más cómodo con unos Carhartt de color caqui. De hecho, mis piernas son tan gruesas que todos los vaqueros que llevo quedan ajustados, pero eso es otro tema. Mis jerséis de cuello de pico dejan al descubierto mi camiseta interior de Hanes (soy un negado para la moda). Muchos asistentes se erizan el pelo o se peinan siguiendo las últimas tendencias, pero yo ni siquiera tengo cabello. En muchos sentidos, Catalyst es todo lo que yo no soy.

Pero nuestra organización no necesita a un líder con el pelo a la moda y vaqueros ajustados. Necesita a alguien en quien confiar y a quien seguir. Eso solo sucede si acepto quien soy en vez de intentar ser otra persona.

Quizá la libertad última es la libertad de ser uno mismo.
—DANIEL PINK, ESCRITOR

Si has liderado durante mucho tiempo seguro que has experimentado inseguridades de este tipo. Casi todos los líderes que conozco pelean esta batalla, esforzándose por sentirse suficientemente bien, suficientemente inteligentes o suficientemente relevantes. La ambición nos impulsa a ser la persona que pensamos que los demás quieren que seamos. Esa persona suele ser distinta de quienes somos en realidad. Si no aprendemos a contentarnos con lo que Dios nos ha hecho y nos ha llamado a ser, entonces nunca vamos a alcanzar nuestro potencial como personas influyentes.

La gente es más perspicaz de lo que pensamos que es. Reconoce cuándo desplegamos una fachada o construimos un personaje falso. He estado con líderes que tienen torpes encuentros con el humor porque quieren que se les perciba como divertidos, cuando en realidad su naturaleza es ser formales. Conozco a líderes que introducen grandes vocablos en su lengua vernácula para sonar inteligentes cuando su verdadera fortaleza es su terrenidad accesible. Por lo general, el líder es el único que no se da cuenta de lo incómodo que hace sentir a los demás.

Este deseo suele aparecer cuando entramos en lugares en los que sentimos que no pertenecemos. Cuando estamos en una reunión creativa, rodeados por gente mucho más innovadora que nosotros. Cuando estamos sentados a la mesa con personas que parecen estar mucho más informadas de los acontecimientos actuales que nosotros. Cuando en una presentación nos enfrentamos a alguien que parece más inteligente y capacitado que nosotros. O cuando acabamos en el desayuno de oración de la Casa Blanca con pastores y líderes cristianos reconocidos, pero en nuestro interior sabemos que no somos más que buenos chicos de Oklahoma. Cuando te encuentres en estas situaciones y sientas la tentación de fingir ser otra persona, resiste. La mejor persona que puedes ser en ese momento es la que ya eres.

SIN FALSIFICACIONES

Vivimos en un mundo de falsificaciones. Llenamos nuestros edificios de oficinas con plantas de plástico porque queremos sentir un espacio vivo sin tener que hacer ningún mantenimiento. Si no nos gusta cómo es nuestra nariz, nuestro estómago o nuestros párpados, podemos arreglarlo con una llamada al cirujano plástico. Retocamos a las modelos en las portadas de las revistas y modificamos nuestros retratos familiares con Photoshop. E incluso creamos personajes falsos en Internet a través de redes sociales y blogs que proyectan quién queremos que la gente piense que somos.

La era digital facilita ser inauténtico. Ahora los individuos tienen el poder de crear un personaje con cualquier imagen que elijan, aunque no coincida con la realidad. La persona que manda *tuits* edificantes o sonríe en las fotos de Facebook no tiene que ser la misma que vive dentro de nosotros. Los nuevos medios de comunicación nos alientan a estar «conectados» todo el tiempo, y en tal escenario, la autenticidad requiere intencionalidad. Los medios de comunicación social deben verse no solo como un modo de conectarse, sino también como una posibilidad para ser honestos acerca de quién somos.

> Hay belleza en la imperfección. Cuando algo se vuelve demasiado pulido, pierde su alma. ¡La autenticidad triunfa sobre el profesionalismo!
>
> —CHRISTINE CAINE, COFUNDADORA A21 CAMPAIGN

Con todo lo dañinas a la par que modernas que son las tendencias de los medios, también tienen un lado positivo. Los auténticos líderes llegan a la cima en un mundo de plagios, imitaciones y falsificaciones. Nuestra sociedad ha creado un apetito por la autenticidad. Los consumidores ansían portadas de revistas libres de imágenes poco realistas y retocadas con Photoshop. Los documentales se centran en entrevistas abiertas entre bastidores y encuentros honestos. La gente le pide a los artistas musicales que eviten el *playback* en los conciertos y entregas de premios, como Ashley Simpson puede atestiguar. Hoy la autenticidad no solo se espera, sino que se requiere. El 40% de los encuestados en nuestra investigación dijo que la autenticidad es uno de los rasgos de liderazgo más importantes de la próxima década, y el 47% dijo que lo primero que buscan en un jefe potencial es que sea auténtico.

COMPARTE EN 🐦 📘
Los nuevos medios de comunicación nos alientan a estar «conectados» todo el tiempo, y en tal escenario, la autenticidad requiere intencionalidad.
#LíderCatalizador

El viaje empieza aprendiendo a sentirte cómodo en tu propia piel. Mirando tu reflejo en el espejo y diciendo: «Me gusta ser quien soy. Dios me hizo así por alguna razón». Como líderes, se espera que seamos personas sin trampa ni cartón.

He tenido que seguir mi propio consejo en más de una ocasión. No soy el tipo más guapo, más inteligente o más divertido de la sala. Tomo grandes cantidades de Dr. Pepper *light* y como demasiadas galletitas saladas. Soy un comunicador aceptable, pero no un conferenciante de primera clase. Tengo problemas con la confianza en mí mismo, algo que puede ser una carga o una bendición. Evita que me sienta como si ya hubiera llegado a la meta, pero otras veces evita que sienta la pertenencia. Como muchos otros, me es difícil mostrar debilidad y ser vulnerable.

Y lo más significativo: anhelo tener amigos, pero me cuesta invertir en ellos. Me siento más cómodo manteniendo a la gente a una distancia prudencial en vez de dejarles entrar en mi vida. Como consecuencia, tengo muchos conocidos, pero pocos amigos de verdad. Una de las razones de que esto sea así es que mi trayectoria profesional ha venido acompañada de muchas transiciones, algunas de las cuales han requerido mudanzas a largas distancias. He crecido habituado a las relaciones de corto plazo. Otra razón es que mi papel en Catalyst significa que tengo la capacidad de proporcionar acceso a una gran comunidad. Cualquiera en una posición así sabe que esto significa que todo el mundo quiere ser tu «amigo». Tal vez esta sea la carga de liderar una organización grande y conocida. He puesto barreras emocionales para protegerme de ser usado por todo el que quiera algo de mí. Como resultado, lucho por ser auténtico y cultivar amistades íntimas. Estoy intentando derribar mis muros ladrillo a ladrillo y construir relaciones más profundas fuera del trabajo. He tenido que trabajar el doble para desarrollar la autenticidad en mi vida. Siento que mi responsabilidad como líder de Catalyst es que todo esté bajo control. A veces tengo que mirar mi reflejo imperfecto en el espejo y, con el jersey lleno de migas de galleta, reafirmar el compromiso de aceptarme a mí mismo.

Los líderes de hoy deben desarrollar el arte de la autoconciencia. Debemos crecer cómodos con quienes somos antes de poder compartir esa persona con los demás. Reconocer el yo auténtico es el requisito previo a la liberación del yo auténtico. Nadie quiere trabajar para alguien que parece no darse cuenta de sus fallos, fracasos y debilidades. Pero como el pastor y escritor Mark Batterson dice, la autenticidad es la nueva autoridad en el liderazgo.[1] Compartir tus fracasos y debilidades es fundamental para dejar entrar a la gente y lo que te capacita para liderar bien. Aquellos que te rodean conectarán más contigo cuando participen de tus fracasos y no solo de tus éxitos. Está bien que los que te rodean vean tus debilidades. No tenemos que ser perfectos; para ser líderes catalizadores es mejor que seamos auténticos.

> La originalidad está sobrevalorada. La autenticidad es lo que importa.
>
> —WHITNEY GEORGE, PASTOR DE JÓVENES Y CONFERENCIANTE

Después de graduarme del instituto, tuve la oportunidad de viajar con un equipo de estrellas de fútbol de Oklahoma a Nueva Zelanda y Australia para jugar algunos partidos de exhibición. Recuerdo que estaba en los famosos escalones frente a la Casa de la Ópera de Sydney tomando fotos. Había muchos turistas alrededor, y nosotros llamábamos la atención. Debido a nuestros uniformes, algunas personas supusieron que éramos estrellas de deportes profesionales. Querían tomarse fotos con nosotros. Finalmente, uno de ellos se giró y chapurreando un poco de inglés me preguntó: «¿Eres Joe Montana?». Yo me detuve. «Sí, soy yo». Aquello desató la locura fotográfica, y alguien en alguna parte del mundo tiene un foto de mí pensando que es de uno de los mejores *quarterbacks* de la historia de la liga nacional de fútbol americano.

Ahora, años más tarde, aún lucho con el deseo de ser otra persona, una versión mejorada de mí mismo. Hace poco hablé con una periodista muy conocida que me pidió que nombrara qué aspectos de mi estilo de liderazgo personal cambiaría. «No se me ocurre ninguno», le respondí. La respuesta fue más que estúpida: fue una mentira flagrante. Lo que tendría que haberle dicho es: «¿Cuánto tiempo tienes?». Mi vida está llena de frustraciones, decepciones y fracasos, pero quería que pensara que lo tenía todo bajo control. Ella sabía que mi respuesta era falsa, y viéndolo en perspectiva, reconozco que me habría respetado más si hubiera sido honesto.

Hoy muchos líderes se sienten presionados a tener éxito y, en consecuencia, crean y aceptan un falso yo, una versión de ellos que esconde sus imperfecciones y magnifica sus mejores rasgos. Por desgracia, aquellos que nos conocen bien e incluso aquellos que simplemente trabajan con nosotros a diario ven lo que hay debajo. Reconocen nuestro yo auténtico y saben que no estamos abrazando a ese personaje. No vamos a alcanzar nuestro máximo potencial invirtiendo energía en crear versiones falsas de nosotros mismos.

Chris Seay ayuda como maestro de ceremonias en los eventos de Catalyst y lidera la Ecclesia Church en Houston. Hace poco retó a nuestros conferenciantes y miembros de la banda en los eventos de Catalyst a asegurarse de que pasaban tiempo en el vestíbulo, oraban con los asistentes y evitaban pasar todo su tiempo en los camerinos. Nos dijo: «Cuantos más peldaños asciendas en la escalera de una organización, y cuanto más poder puedas alcanzar, más posibilidades habrá de que te vuelvas inaccesible y protegido. Una vez que subas un escalón, te será difícil volver a descender. Cuesta mucho más bajar un peldaño una vez que se ha subido. Así que vayan con cuidado con lo alto que suben en la escalera intocable, porque bajar de ella duele mucho más que subir».

Durante años, el artista musical Carlos Whittaker ha puesto su vida a la vista mediante su blog y su escritura honesta, permitiendo que miles de personas formaran parte de su comunidad Ragamuffin Soul. Ha compartido abiertamente sobre su lucha contra un desorden alimenticio y cómo fue capaz de superarlo con el apoyo de sus amigos y la gracia de Dios. Carlos crea una confianza inmediata con su comunidad de lectores porque es vulnerable, accesible, honesto y real.

Carlos y muchos otros amigos míos comparten abiertamente acerca de las medidas que están tomando para asegurarse de que siguen siendo líderes saludables, incluyendo la consejería, la responsabilidad, los amigos y los tratamientos médicos. Él nos recuerda que todos estamos juntos en este viaje. Nadie debería sentirse avergonzado de extender la mano y pedir ayuda.

Por qué un líder necesita un confidente
http://catalystleader.com/confidant

Mi amiga Vicky Beeching es compositora, líder de alabanza y ahora estudiante de postgrado, y también ha sido muy auténtica a la hora de manejar un reciente caso de agotamiento que le causaba desequilibrios químicos peligrosos y que potencialmente ponía en riesgo su vida. Ella compartió su experiencia en Catalyst en 2012 en Atlanta.

Michael Gungor es uno de los músicos con más talento de la actualidad. Él y su esposa, Lisa, decidieron formar una nueva banda hace un par de años después de pasarse más de una década en la escena musical cristiana. En lo que respecta a la autenticidad, muchas veces una de las cosas más difíciles de hacer es volver a tus raíces, especialmente en la música. Pero se arriesgaron a formar una nueva banda para poder compartir su yo auténtico con el mundo y con sus seguidores.

Líderes como Carlos, Vicky y Michael no se sienten solo llamados y capacitados; también son abiertos y honestos acerca de quiénes son. Debemos dar parte del mérito de su éxito a este estimulante pero a menudo olvidado rasgo de liderazgo que es la autenticidad. Los líderes que están dispuestos a compartir honestamente sus propias luchas ganan influencia de forma inmediata.

Una vida de buen liderazgo: Chuck Swindoll

Chuck Swindoll ha sido mi héroe durante años debido a su autenticidad. Ha alcanzado a millones de personas en todo el mundo mediante su ministerio: desde escribir libros hasta pastorear una iglesia o conducir un programa de radio de gran alcance. Recuerdo estar trabajando en el rancho Lost Valley y escuchar sus sermones en la radio mientras conducía hacia Colorado Springs en mi día libre. Aunque hubiera empezado el viaje agobiado o deprimido, después de escuchar los sermones de Chuck Swindoll llegaba bien fresco a mi destino.

Hablé con él por primera vez hace unos años para invitarle a hablar en nuestro evento de Catalyst en Atlanta. Estaba nervioso cuando hablaba con él por teléfono, no porque fuera una celebridad, sino por lo que había significado para mí a lo largo de los años.

Me tranquilicé nada más escuchar su primera frase. Swindoll es conocido por su conducta accesible y por tener los pies en el suelo, y no tenía miedo de reírse de sí mismo. Mencionó que estaba sorprendido por mi llamada, porque no estaba seguro de por qué yo querría a un «tipo viejo» como él para dar una charla en Catalyst. A diferencia de otro líderes con los que he hablado, aquello no era falsa humildad. Simplemente él es así.

Tras conocerle en persona en el evento de aquel año, la percepción que tenía de él siguió en pie. No era exigente o cauteloso; era agradable con todas las personas a las que conocía. Aquel día habló de lo a menudo que había fracasado en su vida, y describió sus defectos al detalle. Dijo que la fidelidad es la clave para ser un gran líder. Instó a los asistentes a permanecer fuertes cuando los demás les criticaran y a mantenerse firmes cuando todos los demás se movieran en una dirección distinta. Cuando terminó, la audiencia estaba claramente impactada. Como yo. El hombre al que había admirado desde lejos durante tantos años era el mismo en la intimidad que en la distancia.

Los líderes auténticos deben ser accesibles y reales. A lo largo de los años, en Catalyst hemos tratado de ser auténticos como organización y como movimiento de liderazgo. Nos esforzamos por estar disponibles, respondiendo con rapidez a los mensajes de correo electrónico e incluso publicando nuestros correos en la página web. Mantenemos un servicio de conserjería desde que empezamos Catalyst que prioriza el seguimiento de la gente y las relaciones personales. Para nosotros es increíblemente importante ser auténticos, humildes y agradables. No importa lo grande que se haga nuestra organización, queremos mantener este rasgo esencial.

Me esfuerzo al máximo por ser afable, incluso aunque Catalyst siga creciendo. Cuando tengas prisa o pienses que alguien no merece tu tiempo recuerda que una vez tú estuviste en su lugar. Un consejo que les doy a los líderes todo el tiempo es que cuando eres pequeño, actúes como si fueras grande. Y cuando eres grande, actúes como si fueras pequeño.

El escritor y amigo mío Bob Goff valora la autenticidad y la accesibilidad. Incluso puso su número de teléfono en su último libro *El amor hace.*[2] Quiere que la gente conecte con él y palpe la capacidad para hablar con él. La accesibilidad es muy importante en la cultura actual. Con

COMPARTE EN 🐦 f

Conoce quién eres. Si tratas de ser todo para todos, entonces terminarás siendo nada para nadie. #LíderCatalizador

los medios sociales y la tecnología, el juego ha cambiado. La gente espera poder conectar contigo siempre.

He aquí algunas buenas prácticas que he encontrado útiles para cultivar este rasgo esencial del liderazgo que es la autenticidad:

- *Practica la autoconciencia.* Antes de poder liberar tu yo auténtico, tienes que reconocerlo. Demasiadas personas se niegan a aceptar e incluso siquiera a nombrar sus debilidades, luchas y dificultades. En consecuencia, aceptan la versión de sí mismos que piensan que gustará más a los demás. Entiende quién eres en realidad.
- *Pregúntate a ti mismo.* Animo a los líderes a evaluar su autoaceptación con preguntas honestas: ¿de quién ansías la atención? ¿Buscas la aprobación de tus amigos, colegas o clientes? ¿Qué es lo que no te gusta de ti y cómo puede ese defecto convertirse en una fortaleza? La autodiagnosis puede llevar al autodescubrimiento, que es el único camino a la autenticidad.
- *Cambia la autopromoción por la narración.* Entiendo el esfuerzo de las personas que viven bajo la opinión pública por moldear una marca personal. Pero también me preocupan los efectos que esto puede tener a

la hora de vivir una vida auténtica. Si quieres ser un agente de cambio, empieza viendo los medios públicos como lugares donde compartir tu historia personal.

- *Resiste la tentación de crear un álter ego digital.* Rechaza esconderte detrás de una página web o de un perfil de Facebook. En vez de eso, adopta la mentalidad de Claire Diaz Ortiz, directora de innovación social de Twitter: «Los medios sociales no solo sirven para estar conectados. Sirven para ser transparentes, cercanos y honestos».[3]

- *Aprende a reírte de ti mismo.* No te tomes demasiado en serio. En cambio, siéntete cada vez más cómodo contigo mismo para reír y hacerlo a menudo. Cuando seas capaz de aceptar e incluso reírte de tus meteduras de pata y errores, los otros también lo harán. Y esta experiencia común te ayudará a vincularte con ellos.

- *Construye una red de apoyo.* Ten cuidado con la tentación de rodearte de aduladores que solo te digan lo que quieres oír. Mantén a personas honestas en tu vida de tal forma que puedas permanecer anclado y evitar pensar que ya has llegado a la meta.

- *Sé interesado en vez de interesante.* Preocúpate más de escuchar que de hablar. Enfócate en los demás, no en ti mismo.

Voltea constantemente las rocas de tu vida y liderazgo. Descubre las áreas que necesitan ser limpiadas. Grandes cosas están en juego. Es agotador mantener una personalidad falsa. Aprende a ser honesto. Es más fácil impresionar a la gente desde la lejanía, por eso muchos líderes mantienen a los demás a una distancia prudencial. Por ejemplo, a menudo preferimos la interacción digital a los intercambios cara a cara. Eso nos aísla e impide que los demás descubran nuestras debilidades y defectos. Pero también reduce nuestra capacidad de influenciar a los demás.

Es por eso que creo que es una buena idea pedirle a un empleado de confianza que te haga una evaluación exhaustiva de vez en cuando. Es incómodo pero útil. Como dice Rick Warren: «No puedes amar a la gente e influenciarla a menos que estés cerca de ellos. Cerca significa que puedes ver mis imperfecciones. Puedes impresionar a la gente desde la distancia, pero solo puedes *influenciarles* desde la intimidad».[4]

Esto quiere decir estar dispuesto a escuchar cosas que no te gustan sin ponerte a la defensiva. Las conversaciones difíciles te llevarán a una mayor intimidad y confianza, y te ayudarán a aceptar tu yo auténtico. Si te pareces a mí, pensar en esto te perturba y te hace sudar. Ser nosotros mismos es más incómodo y difícil de lo que nos gustaría admitir. Pero el resultado de la autenticidad es ser libres del temor, y esa es la libertad que todo líder necesita para alcanzar su verdadero potencial.

> Esfuérzate en la gracia. Tu gracia, tu don, tu capacidad, ser quien Dios quiso que fueras, simplemente sé tú mismo... No seas nadie más, no te compares, sé tú. Y si tu «yo» no gusta a todos, no te preocupes por eso.
>
> —JUDAH SMITH, PASTOR PRINCIPAL DE CITY CHURCH

Sé quien eres. Cuando tratamos de ser otra persona, permitimos que el miedo controle nuestras vidas. Miedo a no gustar a los demás. Miedo a que los demás no nos sigan.

Miedo a no ser lo suficientemente buenos. Por desgracia, tu yo auténtico tiene que surgir en algún momento. Así que los falsos líderes a menudo acaban viviendo una vida fracturada donde su yo auténtico solo se revela en privado o con determinadas personas. Y como hemos visto con demasiada frecuencia hoy en día, vivir una vida secreta está plagado de peligros. En la nueva economía del liderazgo, la autenticidad corona la cima. Debes liberar tu yo auténtico.

Uno de los desafíos de las organizaciones actuales es crear un espacio donde los líderes puedan admitir y compartir sus retos. Necesitamos crear una comunidad donde la gente pueda hablar acerca de las cosas con las que están lidiando sin que les claven el cuchillo por la espalda. Disponte a compartir tus luchas.

Para mí, el pastor o líder que es visto como una persona normal tiene una ventaja extrema sobre el que es considerado como el líder espiritual perfecto. Para desmitificar tu rol pastoral, tendrás que tomar algunos riesgos autoreveladores.

—CRAIG GROESCHEL, PASTOR PRINCIPAL DE LIFECHURCH.TV

En un reciente evento de Catalyst, llenamos centenares de globos con helio y los ofrecimos a los asistentes en el exterior del estadio. Cuando alguien tomaba un globo, se le entregaba un rotulador y se le retaba a escribir sus mayores miedos sobre la superficie del globo. Algunos garabatearon «inseguridad», otros «fracaso» o «falta de aceptación». Entonces los participantes soltaron los globos y los vieron alejarse flotando. La enseñanza: tienes que admitir tus miedos para aceptar quién eres y convertirte en el líder que quieres llegar a ser.

Mientras aquellas bombillas de látex flotaban hacia la estratosfera aquel día, sentí que una sensación de autenticidad descendía sobre nuestros asistentes. Deseé haberlos ayudado a convertirse en mejores líderes mediante aquel pequeño acto que les ayudó a tener un poco menos de miedo y a ser un poco más auténticos. Mi esperanza era que viviesen mejor y, en consecuencia, que liderasen mejor a los demás.

CINCO LÍDERES AUTÉNTICOS QUE DEBERÍAS CONOCER

- KALYN HEMPHILL | MODELO

    Se podría pensar que es extraño que una modelo aparezca en la lista de líderes auténticos, pero Kalyn es más que una modelo típica. La ganadora de *Project Runway* usa su plataforma para luchar contra el autismo y crear mensajes positivos para las aspirantes a modelo. Este es el consejo que ofrece en su página web: «Trata a los demás como te gustaría que te tratasen, y nunca comprometas lo que sabes que es correcto».

- JUSTIN MAYO | RED EYE

    Mediante Red Eye, Justin ha construido una comunidad que reúne a los hijos e hijas de los ricos y famosos. Crea lugares seguros donde las personas pueden ser ellas mismas, donde a nadie le importa quién eres. Red Eye es una iniciativa ambiciosa que rezuma autenticidad.

- TONY WOOD | MOMENT CHURCH

    Tony es el pastor fundador de la iglesia Moment Church en Orange County. La historia de Tony está repleta de autenticidad y disposición a hablar acerca de los fracasos y las malas decisiones. Ha construido una iglesia basada en la autenticidad y que revela tus luchas más profundas, lo que es sumamente atrayente para los veinteañeros.

- JEANNE STEVENS | SOUL CITY CHURCH

    Jeanne y su esposo, Jarrett, estaban acomodados en la plantilla de una megaiglesia metropolitana, pero sabían que estaban hechos para algo más. Cuando sintieron el codazo de Dios, dejaron Atlanta para plantar la iglesia Soul City Church en Chicago. Si visitas Soul City, pronto te darás cuenta de que es una auténtica comunidad nacida de la visión de dos personas auténticas.

- KOHL CRECELIUS | KROCHET KIDS

    Kohl es un ávido entusiasta de los deportes que adora el croché, y Krochet Kids es una expresión auténtica de lo que él es. La organización internacional contrata a ugandeses, les enseña a hacer croché y vende sus productos a comerciantes de todo el mundo. Me sorprende el movimiento auténtico que Kohl ha creado con poco más que hilos y agujas.

APASIONADO

VIVE BUSCANDO A DIOS

> La presencia de Dios es lo único que importa. Si estamos
> conectados a Él llevaremos mucho fruto. Todo depende de Él.
> —FRANCIS CHAN, CATALYST ATLANTA

TENÍA SEIS AÑOS CUANDO TUVE MI PRIMER ENCUENTRO CON
Dios. No me habló con voz audible, como un vecino lla-
mándome desde el otro lado de la calle. Fue más como una
intuición, parecida a cuando sientes que hay alguien detrás
de ti y te giras para ver a un amigo que se acerca caminando.
Tal vez sea por el sonido de sus pisadas o de su respiración.
En cualquier caso, algo te dice que esa persona está allí.

Aquel día mis padres me llevaron la iglesia First Church
of God en Bristow, Oklahoma, como cualquier otro domingo.
Me acompañaron por el vestíbulo hacia mi clase de Escuela

Dominical donde mi profesora, Bunny Baker, me dio la bienvenida con una sonrisa. Con la ayuda de una pizarra de franela y un plan de estudios a menudo obsoleto, cada semana Bunny impartía historias de la Biblia y el evangelio a las clases de parvulario. Ella nunca nos presionaba para hacernos cristianos, pero muchas veces nos compartía su deseo de que un día entregáramos nuestras vidas a Jesús. Sus cariñosas lecciones me rescataron aquel día. Mientras mis infantiles oídos la escuchaban hablar, sentí aproximarse la presencia de Dios. De repente, todas las historias que nos había contado y todas las explicaciones acerca de quién era Dios se volvieron más claras.

Trazo la génesis de mi viaje espiritual en aquel momento, pero dos años más tarde tomé la decisión consciente de seguir a Jesús. Yo era un buen chico, pero también sabía que jamás podría vencer lo malo que había en mí sin ayuda. Aún siendo un niño, recuerdo manejar con la tensión de intentar ser bueno a la vez que mi naturaleza pecaminosa trataba de obtener lo mejor de mí. A los ocho años, me comprometí totalmente a seguir a Jesús.

Mi fe floreció durante mis años de preadolescente. Pasaba tiempo leyendo la Biblia cada día, e incluso gané el concurso bíblico en quinto y sexto grado. Asistía a la iglesia religiosamente. Me uní a un grupo musical llamado Young Believers [Jóvenes creyentes]. Mis amigos Freddie, Alan, Robyn y las dos Amber y yo nos poníamos enfrente de nuestra congregación cada pocas semanas para aporrear *People in a Box* [Gente en una caja] o *Have a Little Talk with Jesus* [Ten una pequeña charla con Jesús]. Fue épico.

En secundaria y en el instituto, mi pastor de jóvenes, Tom Hopkins, tuvo un efecto profundo sobre mí mediante sus sermones en nuestro estudio bíblico de los miércoles por la noche. Empecé a ver mi relación con Dios menos como un accesorio para mi vida y más como una parte central de mi identidad. Mi fe comenzó a definir las decisiones que tomaba, el modo en que trataba a los demás y el tipo de líder en que quería convertirme. A pesar de que aún no había captado plenamente mi vocación, sabía que no debía, no podía y no separaría mi trayectoria profesional de la pasión por Dios que crecía en mi interior.

Cuando llegó la hora de buscar universidad, me sentí naturalmente atraído hacia las universidades cristianas. Pensé que si quería aplicar mi amor por Dios a mi trabajo a tiempo completo, necesitaba entrar en el ministerio. Aunque no me sentía llamado a trabajar en el mundo eclesial, no iba a romper mi compromiso de vivir mi fe de forma vocacional. Una universidad cristiana parecía el siguiente paso más natural.

Durante meses forcejeé con esta decisión. Mi mente se debatía entre lo que creía que tenía que hacer para seguir a Jesús y aquello hacia lo que sentía que Dios me estaba empujando. Un día, me desperté con una percepción sorprendente: no necesitaba convertirme en pastor para seguir a Jesús. La angustia de la decisión desapareció de mis hombros milagrosamente y decidí asistir a la universidad secular a la que sentía que Dios me estaba guiando. A pesar de que había aceptado que el ministerio pastoral no era para mí y aún no sabía dónde terminaría, me sentía confiado de poder usar mi fe en cualquier carrera.

SIGUE A CRISTO ALLÍ DONDE ESTÉS

Después de observar a prometedores jóvenes cristianos influyentes a lo largo y ancho de Estados Unidos, he descubierto que son igualmente fervientes acerca de conectar su trabajo con su espiritualidad. De hecho, el 31% de los encuestados en nuestro estudio creen que «la pasión por Dios» es uno de los rasgos de liderazgo más importantes de la próxima década. Conocen la importancia de este rasgo, y lo sacan a relucir en todos los campos imaginables. Ya sea que trabajen en los negocios o en las artes, en la educación o en el sector social, en los medios de comunicación o en el mundo eclesial, están ligando su amor por Jesús a la tarea que desempeñan. Quieren que su fe sea el centro de sus vidas, no un accesorio. Esta generación de líderes anhela una pasión por Jesús y un corazón para servirle para estar plena y holísticamente conectados a todo lo que hacemos y todo lo que somos.

Una vez un hombre le preguntó al gran reformador Martín Lutero cómo podía servir al Señor. «¿Cuál es tu profesión ahora?», preguntó Lutero. El hombre respondió: «Soy zapatero». Lutero dijo: «Entonces, haz buenos zapatos y véndelos a un precio justo».[1]

El hombre se sorprendió por la respuesta. Lutero no le dijo que ahorrara dinero para el seminario o que se hiciera monje. Ni siquiera le dijo que hiciera zapatos cristianos con un «pez» cosido a un lado. En cambio, Lutero reconoció el valor espiritual del trabajo diario de aquel hombre y le alentó a glorificar a Dios haciendo una buena tarea.

Ser un agente de cambio significa darse cuenta de que el compromiso con Dios y la pasión por seguir a Jesús no pueden estar compartimentados. No pueden restringirse a los domingos y a los espacios sagrados. Para el líder catalizador, de lunes a viernes son días santos. Las salas de juntas son espacios sagrados, y también lo son los platós de los estudios de Hollywood, las oficinas de los rascacielos y las cafeterías de barrio. La contabilidad puede ser un acto espiritual; ejercer la medicina puede ser un acto espiritual; trabajar en una cadena de montaje puede ser un acto espiritual; enseñar puede ser un acto espiritual.

Así como una vez yo creí que seguir a Jesús implicaba necesariamente el seminario y el ministerio pastoral, puede que tú alimentes inseguridades acerca de tu trabajo. Pero no te dejes engañar. No importa dónde trabajes, tu labor puede ser un acto de adoración y servicio a Dios. Por eso desde el principio decidimos que Catalyst no sería una conferencia solo para pastores y líderes de iglesia. Queremos que artistas, políticos, maestros, emprendedores y líderes corporativos se unan a nuestra comunidad. Ellos también tienen un propósito divino para sus vidas.

El apóstol Pablo conocía muy bien esta cuestión esencial. En su carta a los Colosenses dice: «Y todo lo que hagáis, hacedlo de corazón, como para el Señor y no para los hombres» (Colosenses 3.23). Él reconocía cada día como una oportunidad para mostrar la pasión por Cristo en cualquier lugar donde se encontrara. Como Pablo, el líder catalizador se esfuerza por conectar la pasión por Dios con la vocación personal.

El modo en que vivimos nuestra vocación personal dice mucho acerca de cómo nos vemos a nosotros mismos. Revela si nos vemos como adoradores o como seres que buscan ser adorados. En el último caso, tu vida y tu trabajo estarán centrados en ti mismo. En el primero, se orientarán verticalmente. Un líder catalizador entiende que el fundamento de la vida y la fuente de la verdadera influencia debe ser un profundo amor por Dios y el deseo de glorificarle.

Fíjate en Lecrae, que continúa ganando influencia en el mundo del hip hop y en la industria musical mundial. Es un artista respetado que basa su trabajo en un contagioso amor por Dios. Gran parte de su credibilidad con sus compañeros se debe a la pasión que siente tanto por su oficio como por su Creador.

El pináculo de tu experiencia cristiana debería ser cuando tomas todo lo que has aprendido en el banco de tu iglesia y cobra importancia en el pavimento de las circunstancias de tu vida.

—PRISCILLA SHIRER, ESCRITORA Y MAESTRA BÍBLICA

O fíjate en el pastor David Platt de la iglesia en Brook Hills. Cuando empezó a explorar las enseñanzas del Nuevo Testamento hace unos años, le inundó la convicción de que debemos vivir de forma apasionada para Dios. No como si estuviéramos en un ñoño campamento cristiano, sino de un modo radical. Se mudó a una casa más pequeña, lideró a su iglesia en una campaña para donar más dinero y ahora se pasa horas enseñando la Palabra durante los servicios regulares del fin de semana, y también en los eventos en línea de «Secret Church». En mis conversaciones con David, me ha impactado profundamente su compromiso con Jesús, su audacia y vitalidad. Él dice: «A cada paso somos tentados a guiar a la multitud hacia un cristianismo agradable que lo promete todo a cambio de nada... [pero] Dios está más interesado en la santidad de su pueblo que en el éxito de nuestros ministerios».[2] Su influencia sigue expandiéndose a medida que enciende en otros la pasión por llevar el evangelio a las naciones.

La pasión es contagiosa, así que trato de llenar las filas de nuestro equipo con personas que presenten este rasgo. Quiero estar rodeado de personas apasionadas. Se nota cuando alguien realmente ama lo que hace y su alma y corazón están puestos en su tarea o en el proyecto que está liderando. Cuando tu corazón está en ello, deja de ser un trabajo. Se convierte en algo liberador y precioso.

¿Qué te apasiona de verdad? ¿Qué cosas puedes hacer durante días sin cansarte? A mí me encanta cazar patos. Mi alma revive cuando estoy metido en un escondite en medio de los bosques inundados de Arkansas en una mañana de invierno viendo salir el sol sobre el horizonte. Para mí, es uno de los entornos de adoración más auténticos que existen. Pero no quiero pasarme todo el día cazando patos. Es un placer en mi vida, pero no mi pasión. Equipar a líderes, sin embargo, es algo totalmente distinto. Aunque de vez en cuando me canso de mi trabajo, jamás me aburro de esta pasión.

Una vida de buen liderazgo: Eugene Peterson

A pesar de que ha escrito más de una docena de libros, Eugene Peterson es más conocido por la traducción de la Biblia «The Message» [El mensaje]. Preocupado porque una generación llegara a la mayoría de edad sin conectar con las Sagradas Escrituras, redactó esta traducción parafraseada en lenguaje contemporáneo. El resultado es una obra de arte y literatura que ha vendido más de 10 millones de copias en todo el mundo.

La pasión de Eugene Peterson por Dios es evidente desde el momento en que le conoces. Es una pasión tranquila y sutil, pero inconfundible. A sus ochenta y tantos años, su voz es suave pero rasposa. Su cuerpo es frágil, pero todavía lleno de energía. Incluso a su avanzada edad, Eugene Peterson muestra signos de una vida fortalecida por el Espíritu. Pasé poco tiempo con él, pero sentí la presencia de Dios en todo momento. La pasión de Peterson por vivir una vida que agrade a Dios parece ser la única cosa en su lista de tareas.

Cada palabra que pronuncia está enriquecida con la historia de una vida bien vivida y de un Dios bien servido. Le entregamos el Premio Catalyst a los logros de toda una vida hace unos años, grabado con su mantra y título de uno de sus libros más populares: «Una obediencia larga en la misma dirección». Si hoy en día más cristianos vivieran como él, imagina el impacto que nuestra comunidad de fe podría tener.

Escucha las enseñanzas de Francis Chan, Priscilla Shirer o Matt Chandler y oirás súplicas apasionadas para amar más a Dios. O lee los escritos de Margaret Feinberg, que atrapa a los lectores con historias sobre el encuentro con la grandeza de Dios y cómo esas experiencias transforman nuestras vidas. «Cuando buscamos apasionadamente a Dios sobre todas las cosas, el estilo y la tenacidad con que vivimos nuestras vidas cambian. La santidad atrae. La expectativa divina florece. La esperanza regresa. El amor abunda», dice Margaret. «Como resultado, nos despertamos, apartamos las sábanas, nos levantamos de la cama y bebemos de la plenitud de vida que Dios destinó para nosotros. Vivimos atentos a las maravillas que nos rodean y que hay en nosotros que expanden nuestro deseo de conocer más a Dios».[3]

Tu vitalidad no va a estar tan determinada por cómo administras tu tiempo o qué programas implementas, sino en realidad tu vitalidad y fuerza en el liderazgo vienen de tu conocimiento de Jesucristo, de cómo le ves y de lo que realmente crees acerca de él.

—MATT CHANDLER, ESCRITOR Y PASTOR DE VILLAGE CHURCH

La lista de líderes apasionados incluye a activistas sociales como Jamie Tworkowski de To Write Love on Her Arms y Bethany Hoang de International Justice Mission; el abolicionista y activista Zach Hunter, que lucha contra la esclavitud en todo el mundo y defiende a aquellos que no tienen voz; y Julia Immonen, que recientemente cruzó el océano Atlántico remando para concienciar acerca de la lucha contra el tráfico de personas. Ya sea hablando, cantando rap, haciendo rimas, escribiendo o sirviendo, nuestra pasión por Dios no se puede contener. Y nunca debería.

A través de Catalyst he sido testigo de una generación que vive la vida buscando a un Dios del que nunca se cansan. Ansían Su gloria en lo que hacen, y en consecuencia son mejores líderes. Su pasión por Dios es contagiosa. Si estás cerca, no podrás evitar que te alcance.

Algunos observadores de la cultura no se centran en estas historias, sino en las estadísticas. Los jóvenes *están* abandonando la iglesia en cifras récord. Pero yo estoy viendo la pasión de los que eligen quedarse. Veo a los más de veinte mil que se reúnen en Urbana cada dos años, los veinte mil que se juntan en Kansas City para el encuentro One Thing en la International House of Prayer y los cuarenta mil estudiantes universitarios que asisten a las Passion Conferences. Estos eventos infunden la seguridad de que la próxima generación de líderes ama a Jesús y está apasionada por servirle y hacerle conocido entre su generación. No todos estos adoradores se distinguen en la iglesia el domingo por la mañana, al menos en este periodo de sus vidas, pero su pasión por Dios sigue ardiendo con fuerza.

Louie y Shelley Giglio, del Passion Movement, han estado modelando adoradores durante las dos últimas décadas. Saben un par de cosas acerca de lo que es la pasión por Dios. Louie describe a una iglesia apasionada como algo similar a un partido de fútbol con cien mil hinchas gritando:

> Las personas no tienen nada que ganar, pero quieren ser parte de algo más grande y alabar colectivamente a un equipo en el campo. Gritan, animan, chillan y saltan para ayudar a elevar el nivel de ruido de forma colectiva. Cuánto más deberíamos hacer nosotros lo mismo para alabar a nuestro Rey. El Rey Jesús, quien merece un mayor sacrificio de alabanza.[4]

Hoy a los cristianos les gusta debatir si seguir a Jesús de forma apasionada es una cuestión de hacer o de ser. Pero yo creo que es ambas cosas. Seguir a Jesús no puede ser algo estrictamente privado. Cuando Dios te toca, tu pasión por Él emana de ti sobre los que te rodean a través de tus acciones. Cuando Dios te llena, como a David, tu copa está rebosante.

Tu pasión interna determina el alcance externo. Tu corazón moldeará los actos de tus manos. Por ejemplo, aquellos que se preocupan *por* los pobres cuidarán *de* los pobres. La fe activa se está convirtiendo en la norma para los líderes jóvenes. Ellos integran actos de justicia, compasión y evangelismo en su trabajo. Consideran que la justicia social y compartir el evangelio son fundamentales para el avance de la iglesia y del reino de Dios.

A medida que esta nueva generación de líderes llega a la mayoría de edad, ilustran una pauta de pasión, una vocación irrompible para dejar que el amor de Dios se filtre en todas

> **COMPARTE EN** 🐦 📘
> Tu pasión interna
> determina el alcance
> externo. Tu corazón
> moldeará los actos de
> tus manos.
> #LíderCatalizador

las áreas de la vida. Como líderes que siguen a Jesús y desean convertirse en agentes de cambio, nos inspiran a integrar este rasgo esencial de la pasión en *quien* somos y en *cómo* buscamos nuestro llamado personal.

GLORIFICA A DIOS

Uno de los mayores equívocos acerca de Catalyst es pensar que solo somos una organización para el desarrollo del liderazgo. Si bien queremos perfeccionar el potencial de nuestra comunidad para impactar y ser de influencia a los demás, también nos vemos como una organización para el desarrollo espiritual. ¿Por qué? Porque creemos que hay y que debería haber una conexión íntima entre ambos.

En el pasado, algunos cristianos vieron una firme pared divisoria entre lo secular y lo sagrado. Sus hábitos de adoración el domingo en la iglesia eran divergentes respecto a los de la semana laboral. Pero no es así como funciona el mundo, y no es este el modo diseñado para seguir a Jesús. Cuando Dios enciende el fuego de nuestra pasión por Él, las llaman nos engullen. Todo lo que tocamos debería tener las huellas tiznadas de nuestro ardiente celo por Él.

Por esta causa sostenemos a Catalyst con las manos abiertas, no con los puños cerrados. Si nuestra organización se desintegrara mañana, nuestro equipo lo aceptaría y seguiría adelante. Creemos que este movimiento le pertenece a Dios durante todo el tiempo que Él le permita sobrevivir. Glorificar a Dios es la fuerza motora y el alma de lo que hacemos.

Nuestro equipo ve la mayordomía espiritual como parte de la descripción de nuestra tarea colectiva. Nuestro éxito financiero toma un lugar secundario en nuestra responsabilidad espiritual. Esto no siempre es fácil. No somos una iglesia. No somos una denominación. No somos una entidad benéfica. Pero somos cristianos sin lugar a dudas, y ese compromiso conlleva la creencia de que el desarrollo espiritual de los líderes es incluso más importante que su desarrollo profesional. Para ello tenemos en cuenta de forma minuciosa los componentes espirituales de nuestros eventos. Fácilmente podríamos centrarnos más en la cabeza que en el corazón, pero optamos por dedicarles tiempo a ambos.

Reconocemos que es fácil que la gente asista a un evento de Catalyst como mero entretenimiento o diversión. Así que nos hemos tomado tiempo para construir espacios tangibles y actividades para dejar que la gente conecte con Dios a su manera de forma más profunda. Incorporamos momentos de quietud, de reflexión y de desafío. Catalyst es un espacio en el que estamos tan preocupados por el corazón de las personas como lo estamos por su cabeza y sus manos.

Cada evento de Catalyst incluye momentos intencionales de adoración, pero hace unos años decidimos que queríamos alcanzar una perspectiva más sincera. Nuestro equipo decidió centrarse en la oración, puesto que es una de las mejores formas de avivar la llama de nuestra pasión espiritual. No podemos vivir para Dios si no conectamos con Dios.

Empezamos con un énfasis interno. Nuestro equipo comenzó a orar juntos después de cada reunión del lunes. A medida que se acercaba la fecha de nuestros eventos, empezamos a reclamar las bendiciones de Dios. En pequeñas notas, distribuimos los nombres de los miembros de la banda, del equipo y de los conferenciantes. Orábamos por aquellas tarjetas y por el programa, los voluntarios y los asistentes. Le pedimos a Dios que nos ayudara a apartarnos del camino para que Él pudiese trabajar en los corazones. Dios empezó a moverse en cada evento, y recibíamos historias de personas que habían sido tocadas.

Uno de los correos electrónicos que me viene a la mente es el de Bill, que vive en el sureste de Estados Unidos y trabaja para una gran compañía aérea. Bill había tenido un pésimo año a nivel financiero, personal y espiritual. Había dejado de ir a la iglesia y se había alejado de su relación con Dios. Pero cuando asistió a Catalyst todo cambió. «Catalyst me atravesó el corazón», escribió. «Hizo que me diera cuenta de lo que era importante y de que Dios no me había abandonado». Al encontrar renovación espiritual, empezó a crecer como líder.

Inspirado por tales historias de transformación espiritual, nuestro equipo decidió ir más allá. Hace unos años, Joel Houston y otros músicos de Hillsong NYC lideraban la alabanza, pero decidimos añadir un tiempo para que los asistentes se levantasen de sus asientos y orasen con nuestro equipo de voluntarios. Nunca olvidaré la respuesta. De pie en el suelo del estadio, contemplé a multitudes de personas levantándose de sus asientos para dirigirse a la pista. La gente lloraba, clamaba a Dios y alzaba sus manos en adoración. Los demás ponían los brazos a su alrededor, imponiéndoles las manos, orando por ellos. Me quedé inmóvil ante aquel espectáculo, sintiendo que Catalyst estaba siendo definida espiritualmente.

Hace dos años llevamos el concepto aun más lejos añadiendo una carpa de oración en nuestros eventos. Ahora los asistentes tenían la oportunidad abierta, en vez que planificada, de orar y recibir oración. La carpa se convirtió en un lugar de cambio profundo de vida. Recibimos comentarios de asistentes que decidieron dejar su trabajo y llevar a cabo lo que ellos creían que era el llamado de Dios en sus vidas. Otros dijeron que fueron liberados de sus miedos o sentimientos de demérito. Varios decidieron abandonar el pecado oculto en sus vidas.

Mientras repasaba estas respuestas y descubría las historias de liberación, más me convencía de que nuestra creencia era correcta. La pasión por Dios era fundamental para liderar bien. Aquellos que desean influenciar e impactar en los demás jamás alcanzarán su pleno potencial a menos que desarrollen un amor contagioso por Aquel que los ha llamado.

BUSCA EL ROSTRO DE DIOS

Cuando lees las Escrituras, la pasión por Dios rezuma. Moisés buscaba a Dios cada día. Job le siguió a través de las circunstancias más devastadoras. Ester confió en Él, poniendo en riesgo su propia vida. David persiguió a Dios, y su pasión empapa los Salmos. Los profetas anhelaban escuchar la voz del Todopoderoso, y los apóstoles le siguieron gozosos hasta la tumba.

Estos hombres y mujeres fueron grandes líderes, pero las personas influyentes de hoy suelen pasar por alto este rasgo. Muchos han desarrollado su mente sin preocuparse de su corazón. Leen libros acerca de buenas prácticas empresariales y asisten a conferencias de *marketing*, pero a menudo ignoran el desarrollo espiritual. De acuerdo con nuestra investigación, solo el 11% de los líderes cristianos dicen que la «pasión por Dios» es el rasgo de liderazgo que mejor les describe. Y sin embargo, mis experiencias con los líderes cristianos más exitosos de hoy me dicen que la pasión espiritual es fundamental, más que accesoria, para liderar bien.

Como cristianos, la pasión espiritual debe empezar con las Escrituras. Dios ha hablado a Su pueblo a través de la Biblia, y debemos aferrarnos a Su Palabra. Sabemos que la Biblia es un libro vivo, que respira, no un tomo obsoleto y rancio. Proporciona verdades oportunas sobre el Dios al cual servimos y entendimiento para saber cómo vivir.

Hoy mucha gente dice amar a Dios, pero no están arraigados en la Palabra de Dios y en su relación con Él. Si deseamos convertirnos en personas apasionadas en la búsqueda de nuestro Creador, tenemos que recuperar eso. Puede que generes beneficios récord este trimestre y que obtengas grandes victorias empresariales, pero si no estás arraigado espiritualmente, tu vida no será tan fructífera como podría ser.

Francis Chan dice:

El tiempo con Dios es lo que debe guiarte. La presencia de Dios es lo único que importa. Si estamos conectados con Él, llevaremos mucho fruto. Todo depende de Él. Dios es una persona real. Puedes tener una intimidad real con Él. Cuando oras mantienes una conversación real, y hay veces en las que solo puedes decir: «Dios, estamos solo tú y yo, porque me fortaleces como nadie más puede hacerlo...». Todo depende de mi relación con Dios.[5]

¿Pasas tiempo cada semana, tal vez cada día, sintonizando de forma deliberada con Dios? ¿Alimentas la pasión de verle glorificado en tu familia, relaciones y trabajo, sea cual sea tu vocación? Animo a los líderes a apartar porciones de su semana para aislarse de las presiones de la vida y orar, meditar y buscar el rostro de Dios. Incluso si solo puedes apartar cinco minutos durante el día para caminar y orar, o leer algunos versículos, debes comprometerte a hacerlo. Estos descansos te darán energía, entusiasmo y un ímpetu renovado.

El liderazgo prolongado requiere practicar la disciplina del reabastecimiento. El pastor Bill Hybels dice que es necesaria una estrategia para llevar a cabo esto en tu vida cada día, semana, mes y año.[6] A menudo los líderes acaban exhaustos por su trabajo, y debemos recargarnos y reagruparnos de forma intencional. Nada minará más tu pasión por Dios que el agotamiento.

Una manera de conseguirlo es comenzar a practicar el Sabbat. Esto significa construir márgenes en nuestras vidas. Los márgenes son poderosos y absolutamente cruciales para los líderes. Permiten el descanso y el ritmo apropiado para avanzar en nuestra rutina. Los márgenes son el combustible para hacer frente a lo inesperado y la opción que todos necesitamos para ser más intencionales, vigorizantes, estar más centrados y menos estresados. Los márgenes permiten descansar, reorientarse y ajustarse, así como estimular las pasiones que Dios nos ha dado.

Me he dado cuenta de que a medida que disminuyen los márgenes de los líderes, asimismo lo hace su vitalidad espiritual. Pero los márgenes crean beneficios en las empresas, recuerdos en las familias y oportunidades en las finanzas personales; y, a lo largo de toda la vida, los márgenes crean opciones para perseguir sueños, orar, planear y reflexionar. Así que crea momentos cada semana para practicar el Sabbat. Construir en tiempos de descanso traerá beneficios.

Los líderes son objetivos, así que todos debemos estar bien anclados espiritualmente. De lo contrario, las presiones del liderazgo te alcanzarán. Debemos crecer continuamente en nuestra fe y buscar conocer cada vez más a Dios. Los líderes tienen que proteger su corazón y buscar constantemente maneras para crecer y mejorar tanto su vida interior como la exterior. El corazón de un líder es vital para ser un agente de cambio.

La pasión por Dios nos hace generosos, activos y audaces. Si te estás esforzando por ser un buen líder, tal vez deberías dejar de lado ese libro sobre ventas o descansar un poco de los vídeos en línea acerca de la gestión del tiempo. En vez de eso, nutre tu desarrollo espiritual en primer lugar. Pídele a Dios que encienda un fuego para Su gloria en tu interior. Pasa tiempo en oración y reflexión y en las Escrituras. Desarrolla tu corazón para Dios y confía en que Él te va ayudar a liderar bien.

CINCO LÍDERES APASIONADOS QUE DEBERÍAS CONOCER

- ZACH WILLIAMS | MÚSICO Y LÍDER DE ALABANZA

  Las letras de Zach suelen ser espiritualmente evocadoras. Su corazón brilla a través de cada nota y es uno de los músicos y líderes de alabanza más talentosos que conozco. Si le oyes cantar o dirigir la alabaza te darás cuenta de que literalmente exuda pasión.

- AMENA BROWN OWEN | ARTISTA DE LA PALABRA HABLADA

  Quizá nadie hoy recite poesía con tanta pasión como Amena. Cuando sube a un escenario, su amor por Dios y su búsqueda de Él es claramente visible. Cuando alguien habla acerca de la pasión por Dios, su nombre siempre viene a mi mente.

- PHILEENA HEUERTZ | WORD MADE FLESH

  Cuando se habla de pasión por Dios, muchos piensan en multitudes clamando por un toque divino en un estadio abarrotado. Pero Phileena le ha dado un nuevo significado a esa expresión mediante un mensaje de silencio, soledad y reflexión. Está teniendo lugar una revitalización en torno a la espiritualidad contemplativa en parte por su influencia.

- **PETE GREIG | 24-7 PRAYER INTERNATIONAL**

  Lo que Pete comenzó en 1999 como una simple vigilia de oración de 24 horas se metamorfoseó en un fenómeno interdenominacional. Es uno de los fundadores del movimiento 24-7, y su pasión por Dios es tan palpable que ha captado la atención de los medios de comunicación desde el *Reader's Digest* hasta la revista *Rolling Stone*.

- **JAESON MA | MÚSICO Y PASTOR**

  Jaeson habla a miles de estudiantes de todo el mundo retándoles a sumergirse más profundamente en su amor por Jesús. Dios está usando a Jaeson de formas sorprendentes. Incluso oró por Jeremy Lin la noche antes de que el ahora famoso atleta jugase su primer partido de baloncesto con los New York Knicks.

CAPACITADO

LA EXCELENCIA NO ES NEGOCIABLE

Sigue dando el siguiente paso y siendo excelente en lo cotidiano.

—DAVE RAMSEY, CATALYST ATLANTA

CUANDO TRABAJÉ EN EL RANCHO LOST VALLEY DESPUÉS DE la universidad aprendí el significado de trabajar duro. Y lo aprendí por el camino difícil. En mi primer día como vaquero principal y capataz del rancho me comprometí con una norma y comuniqué que jamás la transigiríamos: Lost Valley sería el rancho de huéspedes más limpio y más bien dirigido del mundo. Aquello era un noble objetivo para un nuevo encargado, en especial si tenemos en cuenta que presumíamos de tener ciento cincuenta caballos y doscientas vacas. No era precisamente una tarea fácil.

Los miembros de mi equipo y yo paleamos más estiércol de caballo de lo que quisiera admitir. Como el año anterior había trabajado de vaquero, conocía la importancia del trabajo en equipo. Nunca les pedí que terminaran una tarea que yo mismo no estuviera dispuesto a hacer. En más de una ocasión me reuní con mi equipo en el exterior para limpiar los caminos y calzadas de excrementos equinos. Los vaqueros novatos siempre se quedaban sorprendidos cuando me unía a ellos pala en mano. Mi participación era un símbolo importante que demostraba que nadie era demasiado importante para el trabajo sucio necesario para el buen funcionamiento de nuestro rancho.

«Sé que tal vez no les apetezca mucho hacer esto hoy, pero nos hemos comprometido con un estándar de excelencia no negociable —les decía—. Así que tomen una pala y hagámoslo realidad».

Según salían de mi boca las últimas palabras, nuestro equipo se dispersaba para cumplir las tareas desagradables aunque necesarias. Completar el trabajo solía tomar un par de horas cada día, lo cual no es sorprendente teniendo en cuenta la cantidad de animales y superficie que manteníamos. Una vez hecho, el equipo se recostaba, con la piel brillante por el sudor y las botas hediondas, para admirar nuestra victoria. Los caminos limpios posaban bajo los picos de las montañas circundantes, y todos sabíamos que nuestro trabajo duro y nuestro compromiso con la excelencia era fundamental para hacer de Lost Valley no solo uno de los ranchos de huéspedes más populares del mundo, ¡sino también el más limpio!

Esta ética de la excelencia estaba incrustada en el ADN de nuestra organización. Éramos salvajemente competitivos, y todos querían terminar sus tareas asignadas antes que los demás. Nuestra «cultura del ajetreo» nos hacía correr cuando otros caminaban, buscar siempre el proyecto más difícil; nadie quería manejar el tractor porque eso se consideraba un trabajo de hombre perezoso. Nos peleábamos por ver quién conseguía el trabajo menos popular o la tarea más difícil. Esta ética de trabajo me sigue moldeando incluso hoy.

Por supuesto, no siempre fui así. Mi primer trabajo fue como reponedor en Reasor's Food Store. Cada noche tenía que fregar todo el almacén. El tiempo parecía detenerse mientras mi fregona se deslizaba adelante y atrás entre los estantes. Oraba a Dios hasta que me quedaba sin motivos, y después canturreaba hasta que me quedaba sin canciones.

La tarea era deprimente, pero la peor parte era limpiar la sección de productos de campo. Cuando la gente pisa las uvas que han caído, las manchas son casi imposibles de quitar. Después de unas cuantas semanas de torcerme la espalda frotando el suelo industrial, empecé a saltarme pasillos noche sí y noche no. Un veterano compañero de trabajo que discretamente se había dado cuenta de mi mal hábito al final me llevó a un lado y me regañó. «Sé que te has estado saltando pasillos, y quiero recordarte que eres mejor que eso», dijo. Sus palabras me avergonzaron con delicadeza, y nunca más volví a saltarme un pasillo. Tal vez nadie lo notaría, pero en el fondo yo sabría que no había dado lo mejor de mí.

Hoy, «hazlo realidad» es una de las consignas de mi vida porque sé que un fuerte sentido de llamado vocacional debe corresponderse con un alto nivel de excelencia. Y para los cristianos, esto es más que una cuestión de supervivencia. Es un problema de mayordomía. Si creemos que Dios nos ha llamado al trabajo que hacemos, entonces tenemos la responsabilidad de llevar a cado esa tarea con un estándar de excelencia inigualable. Debemos esforzarnos por hacer un trabajo excelente porque servimos a un Dios excelente. En vez de fichar o invertir nuestro tiempo, estamos adorando a Aquel que nos dio nuestros talentos ofreciéndole nuestro mejor trabajo, independientemente de nuestra profesión o empresa.

COMPROMÉTETE CON LA EXCELENCIA

Existen al menos dos componentes para liderar de forma competente: el estándar correcto y el personal adecuado. Cuando trabajaba en la revista *Life@Work*, nuestro equipo decidió que buscaríamos la excelencia en todos los sentidos. Buscamos a voces expertas, imprimimos la revista en papel de alta calidad y utilizamos pocos anuncios, o ninguno. Después de varios años, nuestra tirada rozaba los setenta y cinco mil ejemplares, pero el número de suscriptores no se había incrementado lo suficiente para cubrir los gastos. Nos enfrentamos a una decisión: o comprometer la calidad de nuestro producto o cerrar el negocio. Escogimos la segunda.

Cualquiera que haya experimentado un fracaso en su carrera sabe lo difícil que fue tomar aquella decisión. Yo estaba destrozado. Cada vez que tenía que explicarle a mis amigos que nuestra publicación había cerrado, se debilitaba la confianza en mí mismo. Me sentía como un perdedor y cargaba con la tremenda cantidad de responsabilidad por lo que había ocurrido. Sin embargo, sigo creyendo que tomamos la decisión correcta. Si hubiésemos comprometido nuestra calidad, tal vez la revista seguiría en el mercado, pero nuestro personal sabría que habríamos puesto en riesgo algo muy querido por nosotros.

En Catalyst adoptamos el mismo compromiso riguroso con la excelencia. Buscamos a los mejores líderes del mundo, independientemente de su sector o sus creencias. Desde Malcom Gladwell hasta Jim Collins, Seth Godin o Tony Hawk, muchos grandes pensadores han honrado nuestro escenario. Conlleva mucho más trabajo encajar este tipo de programa, pero creemos que el esfuerzo vale la pena. Creemos firmemente en lo que Abraham Lincoln dijo hace mucho tiempo: «Seas lo que seas, sé uno bueno».

Como equipo, no comparamos nuestros eventos con otras conferencias cristianas o incluso lo que algunos calificarían como nuestra «competencia». En cambio, recurrimos a lo mejor del mundo, con independencia del sector o del género. Deseamos que nuestro contenido, programa y producción estén al mismo nivel que el TED, el Foro Económico Mundial o Davos. Queremos que el valor de nuestra producción se asemeje a los Country Music Awards, los Grammy o un concierto de U2.

COMPARTE EN 🐦 📘
Ser un líder capacitado no significa ser grande. O resultar caro. Se trata de ser excelente. #LíderCatalizador

También buscamos la excelencia en nuestro servicio al cliente y en la forma de interactuar con nuestra comunidad: más como Ritz Carlton que como Howard Johnson. Mediante nuestro equipo de conserjería, intentamos combinar la profesionalidad con un toque personal. Hemos mantenido el mismo compromiso con los valores que teníamos cuando éramos un equipo de tres mientras la organización iba creciendo con los años. Cuanto más grande se hace Catalyst, más nos centramos en la autenticidad, la pureza y la accesibilidad.

Estos compromisos también han moldeado nuestros eventos. El riguroso proceso de planificación de un evento de Catalyst comienza un año antes e incluye días de reuniones, investigación y tormenta de ideas. Tratamos de incorporar elementos sorpresa memorables en todos los eventos. Hemos batido un récord mundial en un evento, recaudado millones de dólares para agua potable e incluso hemos repartido miles de baquetas a los asistentes para poder hacer música juntos. Cuando las personas experimentan un evento de Catalyst, queremos que se vayan con la sensación de haber estado en un encuentro de líderes jóvenes de primera clase, intencional y meditado, distinto a cualquier otra cosa que experimenten en otro lugar. No queremos solo hacer un trabajo que importe, sino un trabajo que nos diferencie.

Absolutamente todo, desde el folleto de publicidad, las páginas web de los eventos, el material para los asistentes y la marca Catalyst, se diseña siempre siguiendo los máximos estándares. Sabíamos desde el principio que el mejor modo de ganar credibilidad era crear un diseño y una marca altamente profesionales que fueran los mejores del mundo. La gente se sorprende, y probablemente se molesta, ante lo exigente, minucioso y reticente que soy a conformarme con nada que no sea la excelencia en nuestra marca Catalyst.

Toda gran organización tiene algunas pequeñas áreas en las que sus estándares son tan altos que resultan molestos. Esto es bueno. Establece valores que te asusten y trabaja para conseguirlos. Descubre las áreas que te apasionen tanto que estés dispuesto a ser intransigente e incluso irritante. Y recuerda que ser un líder capacitado no significa ser grande. O resultar caro. Se trata de ser excelente.

En Catalyst nos hemos vuelto muy selectivos en lo que respecta a nuestros materiales impresos. Queremos que nuestros cuadernos, folletos, publicidad y currículo estén bien hechos. Esto no solo significa asegurarse de que tengan un diseño coherente con un tacto y una apariencia de buena calidad. También queremos asegurarnos de que nuestros materiales han sido editados de forma correcta y que su contenido es atractivo. Sabemos que esto es con lo primero que se encuentran los asistentes, y la primera impresión solo ocurre una vez. Queremos que los asistentes a un evento de Catalyst se den cuenta de nuestros altos estándares desde el primer momento.

Cada año tenemos reuniones de intercambio de ideas en las cuales invitamos a gente creativa de fuera de nuestra organización para que se unan a nuestro equipo para soñar sobre los eventos de los próximos doce meses. Primero tenemos en cuenta las necesidades de los participantes: sus luchas, preocupaciones y expectativas; y entonces soñamos juntos. Nada es demasiado grande, demasiado estrafalario ni está fuera de los límites durante estas sesiones de tormenta de ideas. La experiencia siempre es divertida, pero nuestro equipo también carga con el peso de la responsabilidad porque somos plenamente conscientes de nuestros altos estándares.

En nuestro equipo tenemos el lema de que la mejor idea gana. Y cuando se trata de ideas, somos implacables. Durante años he tenido una idea para el tema de un evento que he querido poner en práctica: la palabra *cinético*. Creo que podría ser un buen tema, e insisto constantemente. Sin embargo, el resto del equipo no está de acuerdo, y nunca he hecho uso de mi autoridad o de mi título para llevar mi idea adelante. La mejor idea gana, y no vamos a transigir.

Si alguna vez el Cirque du Soleil viene a una ciudad cercana, asegúrate de comprar entradas. Será uno de los mayores ejercicios de liderazgo en el que jamás participes. Aprenderás acerca de la excelencia, el enfoque, el trabajo en equipo y muchas otras cualidades esenciales para el éxito de una organización. Hace muchos años, después de asistir a una actuación del Cirque du Soleil, leí el libro de Lyn Heward y John Bacon titulado *The Spark* [La chispa], donde se cuentan los detalles del proceso de tormenta de ideas que usa la compañía Cirque du Soleil. En Catalyst hemos incorporado muchos de los principios que se encuentran en este libro.

Cómo desarrollar un estándar de excelencia basado en el Cirque du Soleil
http://catalystleader.com/cirque

Una de las historias fascinantes que Heward y Bacon comparten es que el equipo creativo del Cirque a menudo se pelea en las reuniones. Defienden sus ideas mediante discusiones apasionadas y debates intensos. En nuestras reuniones de Catalyst hemos concedido la misma libertad, obligándonos a dejar los sentimientos en el estante mientras enviamos nuestras ideas como caballeros en una justa. Que gane la mejor y que las demás mueran como héroes.

Si entrases en nuestras reuniones de equipo creativas sin previo aviso, podrías pensar que te has metido en una pelea de bar o en una reunión familiar que ha terminado mal. Al igual que otros huéspedes a los que hemos invitado al proceso, probablemente al principio te sentirías incómodo. Los rostros se enrojecen y las voces se elevan a medida que los miembros del equipo discuten por sus propuestas. Puede que incluso supongas que no nos caemos muy bien, pero te equivocarías. Simplemente hemos dado muerte a nuestro ego por el bien del proceso creativo. Con el paso de los años nos ha llegado a gustar la tensión, confiando en que a menudo produce mejores ideas. Y grandes ideas es precisamente lo que buscamos.

Dios es un Dios excelente. Hace las cosas lo mejor posible. También nosotros deberíamos hacerlo así. Queremos hacer las cosas lo mejor que podemos porque Dios se merece lo mejor. Dios viviendo en nosotros nos informa del modo en que hacemos las cosas y del tipo de excelencia que Dios exige.

—SHELLEY GIGLIO, COFUNDADORA DEL MOVIMIENTO PASSION Y DE SIXSTEPS RECORDS

Seleccionamos los temas de nuestro evento con un año de antelación, lo cual es una difícil decisión. Un año escogimos «Reverberación» para comunicar que lo que creas tiene un efecto duradero y no desaparece. Otro año elegimos «La tensión es buena» y nos dispusimos a animar a los participantes a aceptar las tensiones naturales que conlleva el liderazgo de un equipo. Para nuestro décimo aniversario optamos por «Deja tu marca» para recordarles a los asistentes que los líderes dejan una marca allí donde van, y que deberíamos ser intencionales acerca de nuestro impacto.

Seleccionar el tema es solo el principio. Con nuestro alto estándar en mente, tenemos que planificar todos los elementos que lo acompañan. Una vez que decidimos lo que queremos lograr, las mariposas empiezan a revolotear. Se impone un saludable nivel de ansiedad por el hecho de que la idea podría no salir tan bien como estaba previsto. Además, a lo largo de los años hemos creado una gran expectativa acerca de la creatividad, lo cual es a la vez una carga y una bendición. Queremos deleitar a nuestros asistentes y no queremos que los eventos parezcan obsoletos, así que tenemos que esforzarnos en cumplir con nuestros estándares.

Nuestros altos estándares en Catalyst requieren tanto un elevado nivel de calidad como un elevado nivel de acción. Por todos es conocido lo que dijo el empresario Henry Ford: «No puedes basar tu reputación en lo que vas a hacer». Nuestros grandes sueños deben ir acompañados de una ejecución casi perfecta de todos los miembros del equipo. Tenemos una cultura de acción y excelencia, dirigida a hacer que las cosas sucedan. Contamos con un equipo pequeño, por lo que el margen de error es mínimo. Debemos ser sumamente sensibles y estar muy comprometidos a trabajar hasta que la tarea esté completa. Nuestra línea de meta debe coincidir con nuestro punto de partida en envergadura, creatividad y excelencia.

Antes del evento titulado «La tensión es buena», desde el principio le dije a mi equipo que al final del programa quería terminar con un estallido. La semana antes del evento nos dimos cuenta de que no habíamos hecho nada para cumplir con aquel objetivo. Buscamos incansablemente antes de decidir disparar a un hombre desde un cañón dentro del estadio. El presupuesto estaba agotado, pero no teníamos nada más que diferenciase esta conferencia de las de otros años. Seguimos adelante.

Debido a nuestro equipo de iluminación, el especialista tenía una trayectoria de vuelo difícil. Tenía que volar por encima de un puente de luces y por debajo de otro. Cuando el cañón se disparó, la tensión que habíamos estado abordando durante toda la conferencia se adueñó del estadio y la gente contuvo la respiración. Aterrizó sin incidentes, y todos supimos que habíamos tenido éxito en la creación y consecución de un estándar que asustaría a la mayoría de equipos.

En nuestro evento de Atlanta «Deja tu marca», un hombre llamado Profesor Splash saltó en plancha desde una plataforma situada a diez metros del suelo sobre una piscina infantil con unos pocos centímetros de agua. No sabíamos cómo íbamos a construir o equipar la piscina, y en la sesión anterior se abrió una vía de agua que tuvimos que reparar durante el descanso. No pudimos ensayar la actuación de antemano, y lo más alarmante: descubrimos que el bueno del profesor estaba intentando batir su propio récord mundial.

Recuerdo que estaba sentado detrás del escenario minutos antes del salto. Nuestro equipo estaba tomando el almuerzo cuando alguien preguntó: «¿Qué pasa si muere?». Todos nos quedamos quietos antes de salir corriendo a localizar una ambulancia y las salidas de emergencia del escenario para el cuerpo del temerario. Pero el miedo no nos detendría, porque estábamos comprometidos a crear un momento significativo que los asistentes jamás olvidarían.

Nuestro equipo contuvo la respiración cuando vimos saltar al Profesor Splash. Afortunadamente, dio en el blanco. Y de algún modo, sentimos que nosotros también lo habíamos hecho.

Holly Green, escritora de *Forbes*, dice que la excelencia se fundamenta en tres pilares: transparencia, enfoque y conexión. Rememorando las experiencias pasadas como el salto en plancha del Profesor Splash, veo cómo cada uno de esos elementos fue necesario para conseguir el estándar de calidad que nos habíamos propuesto.

COMPARTE EN 🐦 📘
Nadie dijo nunca que el liderazgo sea fácil. Tu trabajo como líder es tomar las decisiones difíciles y cargar con una mayor responsabilidad. Acéptalo.
#LíderCatalizador

«La excelencia empieza identificando claramente el objetivo que deseas lograr (ganar) y dirigiéndote de forma inexorable hacia él cada día», escribe Green. «La excelencia requiere saber cuándo avanzar (incluso aunque no tengas toda la información o la solución perfecta), pero haciéndolo bien y constantemente perfeccionando a medida que sigues adelante. La excelencia significa aceptar solo lo mejor, y entender que cuando no se da, tú, como líder, tienes parte de responsabilidad».[1]

CONTRATA A GENTE EXCELENTE

Además de un estándar correcto, un líder capacitado necesita al personal adecuado. El treinta y uno por ciento de los encuestados en nuestro estudio dijeron que la competencia era uno de los rasgos de liderazgo más importantes de la próxima década, y tienen razón. Por eso, cuando necesito llenar una vacante en nuestro equipo, busco un tipo de persona que comparta la filosofía del «hazlo realidad». Debe ser alguien enraizado espiritualmente y apasionado por nuestra visión. Pero un miembro potencial del equipo también debe poseer la capacidad de realización en cualquier momento.

Como mencioné en el capítulo 1, trabajé para John Maxwell durante varios años en la organización para el liderazgo que fundó, INJOY. En ocasiones viajé con John y vi de cerca su compromiso con la excelencia. John Maxwell es un líder de los de «hazlo realidad». Otros miembros del equipo y yo solíamos bromear con él por trabajar durante el vuelo mientras el resto de nosotros dormíamos. Apoyaba los pies en alto y editaba libros con las gafas apoyadas en la punta de la nariz. John deslizaba el manuscrito en su maleta cuando desembarcaba del avión, pero volvía a sacarlo cuando entraba en el coche. Nunca había un descanso con John. Ya estuviera en un avión, en un coche o sentado en un camerino esperando para hablar, John seguía adelante con sus ideas y proyectos.

John ha pasado grandes cantidades de tiempo con muchos grandes líderes. Y él diría que lo que siempre ha observado en los mejores líderes es que tienen la capacidad de «hacerlo realidad» y llevar algo hasta el final. Cuando se les asigna una tarea, la realizan. Jack Welch lo llama «destacar entre el montón». De cuando en cuando alguien asoma la cabeza por encima del montón y se hace notar. Esta persona acepta el mismo trabajo que los demás, pero lo termina. En mi propio trabajo debo reconocer que esta característica separa a los buenos líderes de los excepcionales. Cuando me rodeo de líderes capacitados, soy libre para «hacer realidad» mis propios proyectos.

7 lecciones de liderazgo que aprendí de John Maxwell
http://catalystleader.com/johnmaxwell

Busco a miembros del equipo que no rehúsen las tareas difíciles y que estén dispuestos a hacer lo que haga falta para llevarlas a cabo. Este podría ser el primer rasgo que busco en empleados potenciales. Si una persona es experta en aceptar tareas, no importa lo aparentemente insignificantes que puedan ser, y las lleva a término, es indispensable.

La credibilidad de Catalyst se construye sobre cientos de «pequeñas tareas» que se han hecho bien y a tiempo. La Biblia nos ofrece mucha sabiduría cuando nos recuerda que las personas que son fieles en lo poco, también lo son en lo mucho (Lucas 16.10).

Todos en el equipo de Catalyst deben ser de los que terminan lo que empiezan. Nadie es solo «el chico de las ideas». Nuestro equipo no solo se enorgullece de crear conceptos, sino también de hacerlos realidad. Esta es una pieza distintiva de la cultura de nuestra organización. Es una parte de nuestro ADN que nos ha servido bien. Demasiado a menudo las organizaciones se enredan en reuniones tratando de determinar quién debería ser el responsable de un proyecto. Un silencio incómodo llena la sala hasta que alguien levanta tímidamente la mano y asume el papel. Con frecuencia, en lugar de otra reunión lo que estas organizaciones necesitan es desarrollar una cultura en la cual los miembros del equipo se peleen por tomar el balón y correr con él.

Por qué deberías adoptar una política «Sin reuniones»
http://catalystleader.com/nomeetingspolicy

Los atletas entienden el poder del «hazlo realidad». Los equipos de deporte prosperan a los que cumplen. En un reciente evento de Catalyst, Miles Austin y Tony Romo, de los Dallas Cowboys, se unieron a nosotros. Miles mencionó que desde pequeño le enseñaron a escoger el trabajo que nadie más quería. Tony añadió la filosofía del «está en la suciedad». Ambos conocen el poder del trabajo duro y la disciplina, y no es ninguna coincidencia que hoy en día sean atletas de nivel mundial.

He aquí algunas señales que considero esenciales para ser un líder capacitado:

• *Los líderes capacitados avanzan constantemente.* Rodéate de gente que pase más tiempo soñando en las posibilidades del mañana que reviviendo los fracasos del ayer. Es fácil lamentar las malas decisiones, pero un líder que consigue superarlas es inestimable.

• *Los líderes capacitados juegan en equipo.* En Catalyst nos peleamos por los principios, pero siempre podemos contar los unos con los otros. Para tener éxito, necesitas seguridad. Y no puedes tener seguridad sin confianza.

• *Los líderes capacitados asumen sus errores.* Un líder que culpa a los demás por sus errores no puede madurar en su papel. Busca a los miembros del equipo que admitan sus pasos en falso sin desanimarse.

• *Los líderes capacitados están dispuestos a asumir riesgos.* Si una organización va a prosperar, los líderes deben estar dispuestos a colonizar nuevos territorios. Es importante rodearte de gente que caminará con valentía aun cuando parezca no tener sentido.

• *Los líderes capacitados aprenden continuamente.* Los líderes capacitados nunca dejan de crecer y mejorar. Los dispuestos a aprender están comprometidos y se dejan asesorar, siempre son alumnos y están desesperados por aprender. Alimentan una curiosidad profesional. ¿Qué tipo de libros leen, si lo hacen? ¿Se han suscrito a algún *podcast*? ¿Cómo tratan de ser mejores en lo que hacen? ¿Escuchan o hablan? A medida que tu organización crece, necesitas que los miembros del equipo estén continuamente aprendiendo.

- *Los líderes capacitados no tienen título.* Creo que la experiencia crea la pericia. Así que los mejores líderes se desarrollan en medio de la acción: actuando, no solo pensando, soñando o hablando. Yo necesito saber que mi equipo está dispuesto a sudar conmigo.
- *Los líderes capacitados son previsores.* Debes ir un paso por delante de la gente a la que sirves. De otro modo, terminarás pasando todo el tiempo reaccionando a problemas, preocupaciones y contratiempos. Es imprescindible que los líderes averigüen qué necesita la organización antes de que alguien más se dé cuenta.
- *Los líderes capacitados son persistentes.* Ven más allá de las cosas y no se rinden. No preguntan una sola vez y esperan a que llegue la respuesta leyendo el Facebook. Insisten una y otra vez hasta que consiguen la respuesta o la solución que necesitan.
- *Los líderes capacitados son confiables.* Debido a que se puede confiar en ellos, los miembros del equipo capacitados están entre los empleados más valiosos de cualquier organización. Cuando hacen una promesa, no tienes que preocuparte por hacer un seguimiento.
- *Los líderes capacitados cumplen.* Los líderes capacitados terminan las cosas. Yo busco a personas que hacen lo que dicen que harán. Esto me permite delegar más y dirigir menos. Los miembros del equipo tienen que hacerlo realidad sin que importe lo insignificante que sea la tarea o el encargo.

Es una bendición estar rodeado por un equipo que cumple con estos criterios y que amplifica el éxito de nuestra organización. Demasiado a menudo los líderes se sobrevaloran ellos mismos e infravaloran a su equipo, pero la calidad del equipo es tan importante, con frecuencia incluso más importante, que la calidad del propio líder. El personal adecuado te llevará a la línea de meta cuando de lo contrario podrías quedarte en la cuneta.

Hace unos años, Catalyst organizaba dos eventos anuales. Nuestro equipo decidió que teníamos una oportunidad de hacer crecer la organización. Tomamos la osada decisión de pasar a ocho eventos el siguiente año. No podíamos añadir más personal, por lo que nos vimos obligados a organizar cuatro veces el número de eventos con el mismo número de miembros en el equipo. Visto en perspectiva, quisimos abarcar demasiado. Pero como teníamos el personal adecuado comprometido con los valores correctos, nos alzamos con el éxito.

Muchas noches trabajábamos hasta las tres o las cuatro de la madrugada, dormíamos cuarenta y cinco minutos y regresábamos al día siguiente listos para seguir adelante. Mi equipo a menudo se pasaba toda la noche en vela antes de un evento modificando tipografías, diapositivas o los horarios del programa además de colgar estanterías o crear exposiciones artísticas.

El trabajo duro solo es una celda si el trabajo no tiene sentido.
—MALCOM GLADWELL, ESCRITOR

Aquel año, en nuestro evento de Dallas los cuadernos no llegaron a tiempo. A mí me entró el pánico, pero nuestro personal empezó a trabajar para solucionar el problema. Un miembro del equipo en Atlanta fue corriendo a Office Depot e imprimió nuevos cuadernos en alta calidad, enviando mil doscientos ejemplares por Delta Dash a las tres de la madrugada. Otro miembro del equipo recogió los libros en Dallas a las seis, solos unas pocas horas antes de que comenzara el evento. Nuestros asistentes no tenían ni idea de lo que habíamos tenido que hacer a fin de ofrecerles la experiencia que esperaban de nosotros, pero nuestro personal ojeroso sí. Cuando la conferencia empezó, repartimos los cuadernos sabiendo que lo habíamos hecho bien. Nos habíamos comprometido a hacerlo realidad aunque nos costase más dinero del que pensábamos o requiriese más trabajo del que esperábamos.

Cómo crear un cultura de equipo basada en el «Hazlo realidad» http://catalystleader.com/makeithappen

Los líderes capacitados están dispuestos a fijar estándares que les asusten. Hazte la siguiente pregunta: «¿Estás dirigiendo bien, mejor o sobresaliente?». *Bien* es hacer lo que se espera de ti. Es ligeramente superior a la media y requiere un poco de atención y determinación para llegar allí, pero es relativamente fácil de lograr. *Mejor* está un poco por encima de bien. Normalmente significa que te comparas con el siguiente de la fila. Pero *sobresaliente* es donde quieres vivir. Es la excelencia, y no quiere decir que seas mejor que nadie, sino que estás trabajando a tu máxima capacidad. Se trata de confianza, no de arrogancia. Es un valor en sí mismo. Walt Disney dijo una vez: «Haz lo que haces tan bien que ellos [tus invitados o clientes] quieran verlo de nuevo y traer a sus amigos». Y es cierto. La excelencia no es negociable. Los líderes deberían esforzarse por ser los mejores del mundo en lo que hacen. Creo que Dios exige lo mejor de nosotros, y esto es lo que espero de mi equipo y de mí mismo.

Organizar un evento de nivel mundial no es una ciencia. Nadie ha escrito cómo hacerlo en un manual irrefutable, y si alguna vez lo hacen, se quedaría anticuado en seis meses. Es necesario que cada evento sea nuevo, así que cuando un programa ya se ha puesto en práctica, no puede duplicarse. Como resultado, nos hemos comprometido a construir un equipo de personas creativas y capacitadas que tanteen el camino en el proceso sin perder el rumbo. Pero, créeme, soy consciente de que no soy lo suficientemente hábil para cumplir con el estándar que me he fijado y con el estándar que tratamos de mantener en Catalyst. Sé que es un esfuerzo realmente difícil de mantener. Sentimos que tenemos que superarnos constantemente, pero me encanta la responsabilidad que supone para nosotros alcanzar un nuevo estándar de excelencia a cada paso.

Asimismo, nadie ha creado un manual infalible para el trabajo que estás desempeñando. Resiste la tentación de creer que tú solo puedes llevar una organización entera a lomos de tus talentos o pasiones. Debes rodearte de líderes igualmente talentosos que compartan un compromiso común con la excelencia. Sin este componente crucial no podrás liderar bien.

LA EXCELENCIA COMIENZA CONTIGO

Un alto estándar de excelencia comienza contigo. Los líderes más exitosos de esta generación reconocen el valor de la excelencia en su trabajo. Puede que no te suene el nombre de Joel Houston, pero como líder de la banda Hillsong United y director creativo mundial de la iglesia Hillsong, es una persona que vive los principios de la capacitación y la competencia. Si alguna vez has asistido a un concierto de Hillsong o has visitado su página web, habrás experimentado su compromiso inquebrantable con una calidad regular.

Según he ido conociendo a Joel en los últimos años, he reconocido el alto nivel de trabajo que él y su equipo persiguen. Han evitado la trampa de dormirse en los laureles o de apretar el botón de piloto automático de la organización. En cambio, siempre se están preguntando cómo pueden ser mejores y hacerlo mejor y guiar a más gente a un auténtico encuentro con Dios.

«La excelencia es un espíritu más que una presentación. Pero si el espíritu está allí para la excelencia, entonces le seguirá una gran presentación», me dijo una vez Joel detrás de los escenarios en nuestro evento de Catalyst en Atlanta. «La excelencia empieza con la actitud y un corazón sirviente. Eleva siempre el estándar y sé incansable en la búsqueda de la perfección, pero en última instancia la excelencia se alza y desciende sobre el espíritu de tu gente, y el espíritu empieza contigo como líder».

Joel dice que hace dos cosas para mantener la excelencia. Primero, predica con el ejemplo. Un equipo no puede seguir a un líder que no cumpla las normas que ha establecido para todos los demás. En segundo lugar, valora a su gente. Las personas solo alcanzarán un estándar alto si se sienten valoradas por quien establece las normas. Si se las infravalora, tendrán un mal rendimiento. Pero cuando sienten que su líder está con ellos y aplaude sus esfuerzos durante el camino, alcanzarán la excelencia.

Si lo que estás haciendo es importante, encontrarás oposición. Si lo que estás haciendo no es importante, será fácil.
—DONALD MILLER, ESCRITOR

Debido al duro trabajo de su equipo y a la gracia de Dios, una poco conocida iglesia australiana ha aumentado su influencia mundial. Han plantado iglesias en el Reino Unido, Ucrania, Suráfrica, Suecia y Nueva York. También llevan a cabo servicios en París, Constanza y Moscú. Hillsong ha vendido más de 12 millones de álbumes de adoración en todo el mundo.

Como Joel, el pastor Perry Noble no es de los que se abstienen de retar a los líderes. Me encanta lo que dice acerca del mandamiento y la comisión de la iglesia para con la excelencia:

La iglesia es la novia de Cristo: establecida por Él, comprada por Él ¡y buscada por Él! Tenemos las promesas de Dios y hemos sido fortalecidos por su Espíritu Santo. Deberíamos estar haciendo las cosas mejor que Apple, mejor que Disney ¡y mejor que Google! ¡Hay mucho más en juego con lo que Dios nos ha llamado a hacer! ¡Y «lleno del Espíritu» no debería ser igual a mal planificado, improvisado y pésimamente ejecutado! Y... nadie debería decir «Estoy haciendo esto por Jesús» y después proseguir con una labor decepcionante y desganada. Cuando vino a redimir a la humanidad, Jesús no buscó por los rincones del cielo para encontrar un ángel infrautilizado que no tuviera nada que hacer... él vino, lo hizo,

¡él pagó por el pecado del mundo! Dio lo mejor de él,
¡y sus seguidores deberían hacer lo mismo![2]

Lo que estos líderes ilustran es un compromiso renovado en esta generación para producir un trabajo de calidad
y mantener un estándar alto. Como Scott Belsky argumenta
en *Making Ideas Happen* [Haz realidad las ideas], tienes que
crear un sistema diseñado para ayudarte a ejecutar y definir
lo que significa la excelencia para tu organización. Muchos
líderes no hacen ninguna de estas cosas y, como resultado,
acaban perdiendo el ímpetu, carecen de pasión por su trabajo y se alejan completamente de su vocación. Scott está
inspirando a toda una nueva generación de líderes a hacerlo
realidad mediante Network Behance, 99% Conference y
Action Method.

Una vida de buen liderazgo: Nancy Ortberg

El ministerio cristiano es a menudo un lugar difícil para las mujeres
con talento y vocación. Pero Nancy Ortberg ha superado muchos de
los obstáculos del ministerio moderno con su excepcional talento. Los
que la conocen te dirán que es una buena trabajadora, una pensadora
rápida y que está rigurosamente comprometida con la excelencia.

Nancy ha tenido muchas ocupaciones a lo largo de su vida, pero
jamás ha fracasado a la hora de tener éxito. Ha trabajado satisfac-
toriamente en ventas, atención sanitaria, desarrollo del liderazgo y
el ministerio. Sirvió durante ocho años como pastora docente en la
iglesia Willow Creek Community Church, una de las congregaciones
más grandes de Estados Unidos. Entre los libros que ha escrito desta-
can *Looking for God: An Unexpected Journey through Tattoos, Tofu, and*

Pronouns [Buscando a Dios: un viaje inesperado a través de tatuajes, tofu y pronombres] (Tyndale, 2008) y *Unleashing the Power of Rubber Bands: Lessons in Non-Linear Leadership* [Desatando el poder de la elasticidad: lecciones de liderazgo no lineal] (Tyndale, 2008). Hoy en día Nancy es asesora de liderazgo a la vez que ayuda a supervisar la iglesia Menlo Park Presbyterian Church junto con su esposo, John. Y además ha criado a tres fantásticos hijos.

Después de conocer a Nancy desde hace muchos años, admiro su capacidad de mejorar sus habilidades de liderazgo con el tiempo. Nunca deja de buscar maneras de ser mejor en lo que hace. Tiene una determinación incansable por el perfeccionamiento. Como resultado, ha influenciado a líderes de todo el mundo y ha puesto en marcha múltiples ministerios y aventuras empresariales. Tiene credibilidad entre los líderes de alto nivel tanto en la comunidad empresarial como en la iglesia. Este es un difícil equilibrio, y ella lo consigue con gracia y respeto. El historial de excelencia demostrado por Nancy en cada estación y aspecto de su carrera es un ejemplo de cómo la capacitación puede impulsar a un líder hacia adelante.

En su obra da una perspectiva sobre cómo consigue que se hagan y se logren las cosas de forma constante:

«El liderazgo trata de cómo activar a tu equipo, colaborando y permitiendo que todo el mundo tenga lugar en la mesa... Una vez tuve un jefe que me dijo que el 70% del liderazgo es la perseverancia, y pensé que aquel era el consejo más superficial que me habían dado nunca. Hoy creo que es increíblemente sabio. No se refiere a la perseverancia estúpida, sino a que el liderazgo no trata de ser famoso, sino de trabajar duro. Y si no quieres hacer eso, no te apuntes».[3]

IR MÁS ALTO Y MÁS LEJOS

Si estás siguiendo tu vocación pero sientes que fracasas a la hora de alcanzar un alto nivel, tengo buenas noticias para ti: la excelencia es un requisito esencial que cualquiera puede expresar. Todos podemos salir de los puntos de abandono asegurándonos de que damos los mejor de nosotros. Todos podemos ensuciarnos las uñas, contratar personal competente y establecer un alto estándar. Debes empezar creando una cultura competente. Una vez que esas dos cosas estén en su lugar, lo único que falta es canalizar de forma apropiada tu ímpetu.

Los líderes capacitados trabajan duro. Tienes que estar dispuesto a esforzarte más que nadie, quedarte hasta tarde, llegar temprano, iniciar nuevos proyectos, aprender más, hacerlo mejor, sacar la basura, salir al escenario, llevar a cabo tareas de poca importancia, crear la visión y menguar para que otros crezcan. Los líderes capacitados no temen ensuciarse las manos y meterse en el embrollo para sacar las cosas adelante. La suciedad en tus manos y el sudor en tu frente tienen futuro.

> Seas lo que seas, sé uno bueno.
> —ABRAHAM LINCOLN

Una forma de incrementar el potencial de tu organización es reducir la energía lateral. Es la fuerza innecesaria que a menudo malgastamos empleando tiempo y recursos que podrían usarse en otro lugar. La energía lateral se ejerce sobre un empleado que tiene tres ventas por cerrar, pero no hace las llamadas necesarias porque se le ha pedido que ayude a limpiar la oficina para la fiesta de Navidad. La energía lateral se genera cuando te pasas horas creando un manual del empleado que acaba acumulando polvo. La energía lateral es un sistema empresarial que obliga a los miembros del equipo a someterse a la burocracia. La energía lateral es tratar con el mismo problema en múltiples ocasiones, o pasarse dos horas hablando sobre lo que deberías haber hecho hace una hora y media.

Una de las minas de mi liderazgo es el exceso de control. Me preocupo por el estado de las tareas asignadas, en especial con el diseño de nuestros folletos y material de *marketing*, y eso puede llevarme a pedir actualizaciones constantes. Esto no solo puede comunicar una falta de confianza en mi equipo, sino que puede crear energía lateral. Obliga a alguien a detener lo que está haciendo para informarme acerca del estado de un proyecto cuando ese mismo tiempo podría ser empleado en terminar esa misma tarea. He empezado a darme cuenta de que mi tendencia al exceso de control sobre mi equipo socava mi deseo de un trabajo eficiente y de calidad.

Una vez que descubrimos nuestra vocación, tenemos la responsabilidad de seguir ese llamado con autenticidad, pasión, vigor y distinción. Si fracasamos a la hora de establecer el estándar correcto, de rodearnos del personal adecuado y de canalizar el ímpetu de forma apropiada, no alcanzaremos nuestro máximo potencial. Y lo que es peor: no estaremos honrando a Dios dándole

> **COMPARTE EN** 🐦 f
> Sin un estándar de excelencia en tu trabajo, no tienes ninguna esperanza de convertirte en un auténtico agente de cambio.
> #LíderCatalizador

lo mejor de nosotros. Ser el mejor exige concentración, determinación, intencionalidad, trabajo duro, perseverancia, asumir riesgos y hacer sacrificios. Hay mucho en juego. Y todos sabemos cuándo nuestro rendimiento no es el mejor. Nuestra familia lo sabe. Nuestros amigos lo saben. Nuestro personal lo sabe. Nuestros jefes lo saben. Y Dios lo sabe. Asegúrate de que tu patrón no sea solo ser mejor que la media. O ser simplemente mejor que tu competidor. Esfuérzate siempre por ser lo mejor que puedas ser. Sin un estándar de excelencia en tu trabajo, no tienes ninguna esperanza de convertirte en un auténtico agente de cambio.

SEIS LÍDERES CAPACITADOS QUE DEBERÍAS CONOCER

- JENNI CATRON | CROSS POINT CHURCH

  Como directora ejecutiva de la iglesia Cross Point, Jenni se ha ganado la reputación de líder con talento que mejora cada proyecto que toca. Junto al pastor Pete Wilson, ha hecho crecer una increíble congregación que se reúne en diversos puntos alrededor de Nashville. En una vocación en la que habitualmente las mujeres tienen dificultades para ganarse el respeto, ella lo ha obtenido con trabajo duro y puro talento.

- JEFF SLOBOTSKI | BIG OMAHA

  Al haber ayudado a organizar eventos, sé cuándo no se están haciendo bien. A través de Big Omaha, Jeff ha establecido una norma para la excelencia de los eventos. Su evento Nebraska es un lugar de reunión donde jóvenes emprendedores e innovadores pueden escuchar las presentaciones de los mejores y más brillantes líderes del mundo.

- BRANDON MCCORMICK | WHITESTONE MOTION PICTURES

  Brandon fundó Whitestone para producir películas de calidad con argumentos inspiradores. Él y su equipo han producido cortometrajes que han sido galardonados y musicales que siguen deleitando al público.

- JEREMY COWART | FOTÓGRAFO

    Jeremy empezó con la fotografía por amor al arte, pero ha llegado a las primeras filas de su campo por sus excelentes fotografías. Es conocido por su talentosa habilidad para seleccionar luz y localizaciones óptimas, y ha tomado impresionantes retratos de algunas de las más famosas celebridades de Estados Unidos.

- TYLER MERRICK | PROJECT 7

    Hoy en día parece que todo el mundo está fundando negocios orientados a una buena causa, pero Tyler ha creado algo extraordinario en Project 7. Venden productos de alta calidad y hacen donativos a respetables organizaciones sin ánimo de lucro que abordan siete áreas de necesidad, incluyendo alimentar a los hambrientos, sanar a los enfermos, hospedar a los vagabundos y cuidar de la creación.

- JULIA IMMONEN | ROW FOR FREEDOM

    Julia es la única persona que conozco que ha cruzado a remo el océano Atlántico, y lo ha hecho para concienciar a la gente acerca del tráfico de personas. Es abogada de la A21 Campaign y trabaja con Sky Sports en Londres; recientemente también ha fundado su propia organización, Sport for Freedom, que participa en grandes retos deportivos para concienciar sobre la justicia.

5

VALIENTE

PREPÁRATE PARA DAR EL SALTO

Un solo acto de valentía es a menudo el punto de inflexión para un cambio extraordinario.

—ANDY STANLEY, CATALYST OESTE

DE PIE EN EL IMPONENTE ACANTILADO MIRANDO HACIA LAS frígidas aguas canadienses, mis rodillas empezaron a temblar. Mi conquistador interior estaba deseando saltar, pero mi cobarde interior me suplicaba que no lo hiciese. En un instante, mi mente se remontó al viaje que me había llevado hasta aquel mirador.

Conocí a Bob Goff en uno de nuestros eventos de Catalyst en el que le habíamos invitado a hablar. El frenesí del encuentro me había impedido conocerle e incluso tener una conversación decente con él. Pero me había percatado de su autenticidad por su biografía y por lo que los demás me habían contado de él.

Bob es conocido por su optimismo extremo y su disposición a encontrar «aventureros». Este término es el que Bob usa para una aventura con propósito. Él es abogado y trabaja en la isla de Tom Sawyer en Disneyland, California. Enamoró a su esposa deslizando sándwiches de mantequilla de cacahuete y mermelada bajo su limpiaparabrisas cada mañana. Bob llevó a sus hijos en una gira mundial para conocer a primeros ministros y presidentes, fue cónsul en Uganda y es el autor de muchos chistes prácticos y sorprendentes. Con humor y desparpajo, Bob ha buscado el reino de Dios de formas alucinantes.

Se giró hacia mí en nuestro evento y comentó: «Oye, deberías venir a nuestra casa. Está cerca de Malibú». Me interesaba lo que hacía, así que decidí aceptar su oferta. Unas vacaciones gratis en uno de los vecindarios más lujosos de California no parecía una mala idea. No fue hasta más tarde que me di cuenta de que se refería al campamento Malibú en medio de la naturaleza en la Columbia Británica, al noroeste de Vancouver.

Empecé a ponerme nervioso cuando mi avión aterrizó en Seattle y Bob me dijo que teníamos que subir a un hidroavión para la segunda parte del viaje. No necesitábamos piloto, Bob nos llevaría.

El vuelo fue tenso, y tenía mucha curiosidad por ver qué nos depararía esta visita. Para obligar a mi mente a pensar en otras cosas, miré por la ventanilla hacia las tierras salvajes que sobrevolábamos. El paisaje se parecía a Narnia. Montañas con los picos nevados se alzaban a ambos lados del mar. De las grietas de las rocas brotaban cataratas que se zambullían en el océano azul oscuro. Junto a las cimas flotaban nubes bajas como si quisieran mirar el paisaje. Era el lugar más hermoso que mis ojos habían visto nunca.

Rompiendo el silencio, Bob señaló hacia su casa. A lo lejos vi una preciosa cabaña de troncos escondida en la ladera de una montaña. Me di cuenta de por qué viajábamos en hidroavión: era el único camino. No había ninguna carretera de acceso a la casa.

Después de aterrizar, seguí a Bob hasta su casa, donde deshicimos las maletas y nos lavamos. Durante los siguientes cuatro días nos relajamos, escribimos e hicimos senderismo. Si la cosa se relajaba demasiado, Bob se levantaba e insistía en que hiciéramos algo más emocionante, como carreras en *quad* o disparar armas de fuego.

Llegó el último día y me di cuenta de que Bob se guardaba un as en la manga. Me invitó a dar un paseo en su bote antes de marcharnos. Tras diez minutos surcando las aguas llegamos a un lugar tranquilo. Le seguí por un estrecho sendero hacia lo alto de un escarpado acantilado.

«Odio soltarte esto de golpe», dijo. «Pero no puedes regresar a mi casa y no puedes volver a la tuya hasta que hayamos saltado desde este risco».

Di un paso hacia el filo del precipicio y me quedé mirando lo que parecía ser una caída de doce metros. El viento frío nos azotaba, y sabía que el agua no podía estar a más de cuatro grados. Sin embargo, sabía que si no saltaba, Bob estaba lo suficientemente chiflado como para dejarme allí. Retrocedí una docena de pasos, me quité el mínimo imprescindible de ropa y eché a correr hacia el borde. La energía de mis temores se convirtió en puro coraje.

Cuando mis pies se despegaron del acantilado me encontré en lo que parecía ser otra dimensión. El tiempo se ralentizó durante un instante y pensé en la locura de semejante acto. Mi cuerpo se preparó para la caída libre y dejé escapar un grito incontenible. Entonces, como si el tiempo se reiniciase, todo comenzó a moverse a su ritmo normal. En un instante me zambullí en el mar helado. Me sentí como si hubiera saltado dentro del cajón de los cuchillos. Sonrojado por la adrenalina y escuchando vagamente los gritos de celebración de Bob detrás de mí, nadé hacia la barca.

Durante los siguientes treinta minutos Bob y yo hablamos de la emoción de tal acto. Yo no podía creer lo que había hecho, pero él dijo que nunca había dudado de que lo haría. Habíamos experimentado una aventura juntos. Y en la caída libre a cámara lenta en el mar de Canadá, había descubierto el secreto del contagioso estilo de vida y liderazgo de Bob: la valentía. El consejo que Bob me dio aquel día a mi partida fue: «Vive una vida tan valiente que alguien quiera tomar notas al respecto».

Sin valentía tu vocación está lisiada. Aunque tengas una visión cristalina de Dios acerca del camino que deberías seguir, y la mayoría de nosotros no la tenemos, tu rumbo no se alterará ni una pizca hasta que tengas la valentía suficiente para actuar en consecuencia. El coraje nos mueve de los ideales a la acción, del potencial a la realidad.

Al igual que Bob, los líderes jóvenes de hoy que marcan la diferencia son los que asumen riesgos, se enfrentan al mal y se lanzan a lugares peligrosos. Los líderes valientes trabajan en su punto fuerte, pero quizá fuera de su zona de comodidad. Y en sus aparentemente insensatos intentos de vivir su llamado, se convierten en el tipo de líder que los demás quieren seguir.

TEN VALOR

De pie en lo alto del mirador aquel día, me acordé de algo que Tad Agoglia, fundador del First Response Team of America, dijo en Catalyst Atlanta: «...ser valiente no es tanto funcionar sin temor como ver el miedo y dar un paso adelante en un gran esfuerzo por superarlo».[1] El coraje no es la ausencia de miedo, sino más bien el compromiso de superarlo. El coraje no quiere decir que no estés asustado; significa que luchas contra tu temor y te enfrentas a él. El coraje te empuja a resistir el impulso de huir de las cosas que despiertan tus ansiedades más íntimas. Se requiere coraje y debe ser una constante. Son pequeñas piezas de miedo pegadas juntas.

> El coraje no es la ausencia de miedo, es inspirar a otros a superarlo.
>
> —NELSON MANDELA, EXPRESIDENTE DE SURÁFRICA

Un amigo me dijo una vez que la vida y el liderazgo se parecían mucho al béisbol. Incluso los mejores bateadores fallan a veces. Pero un auténtico atleta no huye de la base. Cuando el tiempo se ralentiza, el lanzador se prepara y todo el mundo parece contener el aliento, él sabe que puede que le dé a la bola o puede que no. Pero lo que importa es que no sale corriendo de la base; muestra su coraje dando lo mejor de él y asumiendo el riesgo.

Como esquiador, esa analogía me es útil. Recuerdo la primera vez que me enfrenté al reto de una carrera de esquí acrobático en una pista negra. Escarpada y apabullante. Me costó armarme de valor para empezar el descenso. Mientras miraba desde lo alto de la colina, el consejo de mi amigo fue: «Apunta tus esquís hacia abajo y mantén la nariz sobre las puntas. Tienes que inclinarte hacia delante y sobre las puntas de los esquís».

Me recordó que me inclinase hacia la montaña:

> La clave para esquiar sobre los *moguls* es concentrarse en los que vienen a continuación, no sobre los que estás ahora. Pon la nariz en las puntas de los esquís, aunque parezca que vayas a caer hacia delante sin control. Aunque te entre el pánico, mantén la postura de la nariz sobre las puntas y no te eches hacia atrás. Si te echas hacia atrás te caerás.

Este no solo es un gran consejo para esquiar laderas escarpadas, sino que también es un buen consejo para el liderazgo. Como líder, estás en lo alto de la montaña. No tienes más remedio que enfrentarte a las pistas. Puedes escoger echarte para atrás, deslizarte e ir sobre seguro, o puedes pasar el quitanieves una y otra vez por toda la montaña y dominar la carrera. Ser un líder valiente requiere que vayas más allá de la norma y que estés dispuesto a asumir riesgos.

El escritor Jamie Walters escribió un artículo para la revista *Inc.* donde expone la importancia del coraje en el lugar de trabajo. Él señala que cada día son posibles pequeños actos de valentía, pero que los evitamos debido a nuestro miedo a «conmocionar el statu quo». Optamos por no hablar o compartir puntos de vista alternativos. Elegimos no defender a un posible nuevo empleado que muestra potencial, pero al cual le falta experiencia. Escogemos no ofrecer un consejo honesto que podría herir los sentimientos del otro. Preferimos conformarnos con lo conocido en vez de apostar por lo desconocido. Pero estas decisiones a menudo son perjudiciales, y nos impiden sobrepasar el paseo en montaña rusa al cual llamamos negocio y crear un lugar de trabajo mejor:

> Imagínate un grupo, departamento o empresa donde los «líderes-ciudadanos» son fortalecidos por la idea de que pueden ser valientes cada semana, independientemente de su título o papel. Figúrate los resultados de un equipo con semejante moral y compromiso unificado con su propia misión de equipo, así como con la de la compañía, que sus miembros sienten un verdadero sentido de propiedad y responsabilidad. O visualiza al líder que inspira un nivel de energía que guía a un modo de trabajar nuevo y más efectivo y a un mayor sentido de propósito. Todos son posibles y todos requieren de coraje.[2]

Este componente esencial es uno de los elementos comunes de los líderes bíblicos. Abraham dejó su hogar para viajar a un lugar que ni siquiera estaba seguro de que existiera. Moisés superó su defecto del habla para guiar al pueblo de Israel hacia la libertad. Josué se enfrentó a los incrédulos que temían que la tierra prometida fuese demasiado difícil de conquistar. «Mira que te mando que te esfuerces y seas valiente», dice en Josué (Josué 1.9). Gedeón llevó a la victoria a un ejército de trescientos contra un ejército de miles. Daniel y Ester mostraron un

COMPARTE EN 🐦 ⓕ
No vayas a lo seguro. Ve tras algo que te supere tanto que no haya modo de conseguirlo sin Dios. #LíderCatalizador

tremendo coraje ante la muerte. Nehemías venció la feroz oposición a reconstruir los muros de Jerusalén en cincuenta y dos días. Jesús se enfrentó a la cruz y triunfó sobre la muerte. Pablo escribió gran parte del Nuevo Testamento mientras estaba encerrado en prisión; y casi todos los apóstoles predicaron el evangelio hasta ser martirizados.

Me encantan las palabras de Jesús en Juan 16.33: «Estas cosas os he hablado para que en mí tengáis paz. En el mundo tendréis aflicción; pero confiad, yo he vencido al mundo». La vida cristiana es la que mantiene en tensión tanto el realismo como el idealismo. Acepta las incertidumbres de la vida y la inevitabilidad, pero reconoce que la fe permanece. Seguir a Jesús no significa que no vacilaremos ni fracasaremos ni tendremos miedo, sino que en medio de esas realidades seremos capaces de «tener valor».

La crónica de la historia cristiana ilustra este legado del valor en medio de las dificultades de la vida. Martín Lutero clavó sus noventa y cinco tesis en la puerta de la iglesia de Wittenberg y catalizó la reforma protestante. William Wilberforce soñaba con una sociedad libre de esclavitud y dio inicio a un movimiento para hacerlo realidad. Hudson Taylor desafió a los mares y se convirtió en el primer misionero en China. En 1930, George Washington Carver rechazó todas las oportunidades de trabajo y valientemente eligió mejorar las vidas de los granjeros pobres del sur. Dietrich Bonhoeffer se posicionó en contra del régimen nazi y finalmente dio su vida por oponerse a la funesta dictadura. En 1955 Rosa Parks tomó literalmente el asiento de la liberación, cambiando el curso de la historia de la humanidad. Y en 1963, Martin Luther King Jr. tuvo un sueño, y todavía hoy sentimos el impacto de su valiente marcha hacia la libertad.

Las vidas de los grandes líderes cristianos nos enseñan que aquellos que siguen un llamado a la medida de Dios necesitan valentía a la medida de Dios. Encarnan las palabras del salmista: «Esforzaos todos vosotros los que esperáis en Jehová, y tome aliento vuestro corazón» (Salmo 31.24). ¿Esperas en el Señor? Entonces sé valiente, dice el salmista.

Deberíamos ser revolucionarios radicales asumiendo grandes riesgos para el avance de la causa de Cristo. El propósito de la vida no es llegar a la muerte sano y salvo... Dios está buscando a una generación que se atreva a confiar en Él para hacer cosas increíbles en y a través de sus vidas.

—CHRISTINE CAINE, COFUNDADORA DE A21 CAMPAIGN

Hoy en día las personas influyentes a las que más respeto son las que viven y lideran de forma valiente. Pienso en personas como Manny Martinez, cofundador de Hello Somebody. Después de encontrarse con niños hambrientos en un país en vías de desarrollo, su corazón se avivó. Se dio cuenta de que había una gran necesidad a su alrededor que pasaba desapercibida y que no era atendida. Una frase empezó a resonar en sus oídos: «Hola. ¿Alguien me oye?».

Desconociendo cómo podría alcanzar su objetivo, él y algunos amigos se dispusieron a suministrar un millón de comidas en un año natural. Hoy, Hello Somebody trabaja para suministrar comida, agua, educación y libertad a los niños. Y se ha convertido en una organización líder en la lucha contra el tráfico sexual.

Hannah Song, presidenta de LiNK (Liberty in North Korea), trabaja en uno de los países más peligrosos del mundo. Rescatan a refugiados que han huido y los reubican en refugios de Corea del Sur o Estados Unidos. Han concienciado acerca de la crisis de los derechos humanos en Corea del Norte a nivel mundial y encabezan los esfuerzos de proporcionar ayuda de emergencia a los refugiados. Para ella, el riesgo de peligro no es tan grande como la promesa de libertad.

Piensa en el pastor Muriithi Wanjau, que se dedica a plantar iglesias en Nairobi, Kenia. Está convirtiendo a gente corriente en personas influyentes y osadas de la sociedad. Se ha embarcado en una valiente estrategia para levantar a seguidores de Cristo de clase media para luchar contra la pobreza en el continente africano.

 Las claves de Christian Caine para un estilo de vida valiente (videoclip)
http://catalystleader.com/christiancainecourage

Aquí en Estados Unidos pienso en Aaron Smith, que empezó Venture Expeditions cuando era universitario hace más de una década. En vez de aceptar la seguridad de un empleo regular, optó por iniciar esta organización sin ánimo de lucro que ayuda a los líderes a descubrir sus pasiones mediante actividades con fines humanitarios que recaudan dinero para organizaciones cristianas respetables. Aaron comenzó cruzando Estados Unidos en bici, casi cinco mil kilómetros desde la Costa Oeste hasta la Costa Este. La expedición recaudó más de diecisiete mil dólares para una congregación de América del Sur. Hoy, Venture Expeditions conduce a múltiples equipos a osados viajes por causas benéficas y ha recaudado cientos de miles de dólares para las organizaciones asociadas.

También pienso en mi amigo Scotty Smiley, un invitado nuestro en Catalyst Dallas en 2011, un héroe moderno que resultó seriamente herido en la línea de fuego en Irak, perdiendo la vista. Desde entonces, en 2007, ha escalado montañas, ha esquiado en la nieve, ha hecho surf y ha participado en muchas otras actividades. Es el primer oficial invidente del ejército estadounidense y continúa sirviendo a su país en la Academia Militar de Estados Unidos en West Point como instructor. Lo que dijo cuando le entrevisté aún resuena en mi mente:

> No importa lo que tengamos delante, deberíamos vivir la vida como si fuera el último día. Cuando se me presenta una oportunidad, la tomo, me aferro a ella y hago todo lo que puedo. El coraje no solo es hacer las cosas cuando es fácil, sino hacer las cosas correctas cuando es difícil. Escoger lo bueno difícil ante lo malo fácil.

Admiro a Jarrett y a Jeannie Stevens, quienes plantaron una iglesia en el centro de Chicago. Jeannie narra cuánta fe necesitaron para dar un paso adelante y comenzar una nueva congregación. Dice que fue una de las mayores aventuras de fe de su vida y que requirió la interrupción de otro compromiso. Dice que escuchó a Dios animándoles: *Les he llamado a ser valientes. ¿Confían en Mí?* Jarrett y Jeannie contestaron que sí, lo que todo agente de cambio debe contestar.

Lo que todos estos líderes saben es lo mismo que sabían todos los grandes líderes de las Escrituras y de la historia de la cristiandad: la valentía es un requisito indispensable para el buen liderazgo. Su esperanza supera sus miedos. Les llama a plantar cara y a seguir adelante aunque todo en su interior les dé señas de que retrocedan. Y en el proceso, su valor les sitúa en el contexto de una historia más amplia de lo que Dios está llevando a cabo en medio de nosotros.

Una vida de buen liderazgo: John Perkins

Hijo de un aparcero que creció siendo pobre en Mississippi, John Perkins huyó a California a los diecisiete años, después de que un jefe de policía municipal asesinase a su hermano mayor. Después de entregar su vida a Cristo en 1960, regresó a su estado natal con un mensaje de perdón mediante el poder del evangelio y justicia a través de la igualdad racial. Sus esfuerzos fueron recompensados con la cárcel, palizas y todo tipo de vejaciones. Pero no se dio por vencido.

Perkins es un héroe, y después de pasar tiempo con él y ver su verdadera humildad y autenticidad, le tengo aun más respeto. Este gigante ha mirado a los ojos y se ha enfrentado a algunos de los mayores desafíos de los últimos cien años. Él define *el valor* como vivir las propias convicciones en la cara del miedo. Nos recuerda que el miedo puede ser un limitador de la velocidad, pero jamás debería ser una señal de stop. Permanecer firmes ante lo que nos provoca miedo hace que nuestras convicciones vengan al frente.

El doctor Perkins les habla a estudiantes y líderes jóvenes de todo el país. Y está lleno de esperanza y visión para el futuro, lo que se evidenció por sus comentarios para nuestro evento de Catalyst Dallas en 2011: «Creo que esta generación, en mayor o menor medida, quiere que se le defina por su amor por Jesucristo y, más importante aun, porque está haciendo algo... Muchos dudan de que esta generación pueda rescatarnos. Yo tengo fe en esta generación.

Sabemos que estas dificultades van más allá de nuestros problemas socioeconómicos, tienen una dimensión espiritual intrínseca a la socioeconómica, y tenemos que inspirar a las personas para que puedan reconocer el problema y obtener el gozo de trabajar en la solución».

La vida de Perkins se ha construido a base de superar barreras y obstáculos en el nombre de Jesús, por lo que la decisión de entregarle el Premio Catalyst a los logros de toda una vida no fue difícil de tomar. Ha ayudado a restaurar la dignidad y el orgullo de los afroamericanos en su comunidad, y literalmente ha arriesgado su vida para vivir su llamado. Hoy, con más de ochenta años, Perkins se mueve un poco más lento que antes, pero sigue teniendo el corazón valiente de un joven que arriesgó su vida para enfrentarse al rostro del mal.

VALENTÍA ORGANIZATIVA

La valentía no es solo un rasgo individual, sino también organizativo. Los líderes de la iglesia Saddleback lo saben muy bien. Cuando se le preguntó al pastor Rick Warren en una entrevista en *podcast* de Catalyst acerca de los requisitos de una iglesia saludable, él mencionó el coraje como algo indispensable. Señaló que cualquier gran avance en Saddleback exigía un riesgo en cada gran decisión que le asustaba, pero que de todos modos lo hacía. Como resultado de su creencia de que hay que confiar en Dios y de que los líderes deben ser valientes, el liderazgo de Saddleback ha llamado «fe arriesgada» a uno de sus valores fundamentales.

Haz aquello que más temas —aconsejó Rick—. En la toma de riesgos también se requiere liderar con auténtica honestidad. Tengo una iglesia que marcharía al infierno con pistolas de agua porque hemos modelado la fe y asumido riesgos.

Un denominador común en todas las iglesias que tienen a Dios al mando es el factor fe. Un liderazgo que no tema ni tenga miedo de creer en Dios y asumir riesgos. La fidelidad es asumir riesgos. Si no me arriesgo, no necesito fe. Camina derecho hacia las cosas que más temas. Si no necesito fe, entonces es que estoy siendo infiel.[3]

En Catalyst hemos intentado modelar esta característica. Nuestro equipo tomó la decisión de añadir los eventos de la Costa Oeste y los de One Day en el mismo año. Pasamos de uno a seis eventos en un breve periodo sin aumentar el personal. Nuestro equipo no estaba seguro de cómo lo sacaríamos adelante y estaba preocupado de pudiésemos perjudicar nuestro encuentro principal en Atlanta, pero de todos modos decidimos continuar.

Nuestro equipo reconoció el éxito de nuestro evento en Atlanta, pero sintió que aún teníamos mucho por conseguir. Con aquella decisión, nos arriesgamos a fracasar. Pero elegir no seguir adelante hubiera supuesto un riesgo mayor. Para nuestra sorpresa, nuestro valor tuvo recompensa. Los eventos de One Day se llenaron con más de seis mil participantes, tuvimos a tres mil quinientos asistentes en el evento de la Costa Oeste y la reunión de Atlanta también se llenó.

Nuestro deseo para la comunidad de Catalyst es adoptar un espíritu de coraje también en el trabajo. Así que en 2011 escogimos «Sé valiente» como el tema para los eventos de Catalyst Oeste y Dallas. Queríamos sacar a la gente de su zona de comodidad a fin de provocar su crecimiento. Pusimos una sola pregunta frente a nuestros asistentes: «¿Qué pasaría si accedieses a todo lo que Dios te ha creado para ser?».

Sabemos que todos los líderes se enfrentan al miedo al fracaso y al temor a lo desconocido. Pero vivir en el miedo es destructivo para el equipo y apagará el ímpetu. Sabemos que el camino es largo y las presiones son muy grandes. Y frente a esta tensión, queremos que nuestra comunidad sea valiente.

En aquel evento, Andy Stanley habló acerca del valor, que él cree que es el rasgo más importante que un líder puede poseer. «Muchas, muchas grandes cosas han empezado con un simple acto de valentía. A lo largo de la historia y en la actualidad. Una persona da un paso adelante y toma una decisión valiente y esa pieza del dominó que cae provoca que muchas otras también lo hagan —dijo Stanley—. Debemos dar ese primer paso adelante, y puede que nunca sepamos el efecto dominó de esa decisión valiente. Líderes de Catalyst: su decisión de hacer algo valiente puede dar lugar a algo mucho mayor de lo que nunca imaginaron. Den un paso al frente».[4]

La valentía no es esperar a que tu miedo desaparezca. Esto lo sabemos en la teoría, pero muchas veces el temor es lo que nos retiene. Andy sigue diciendo: «Por lo general, el miedo en el liderazgo está relacionado con la incertidumbre sobre el futuro. Pero la incertidumbre sobre el futuro nunca va a desaparecer. Yo les digo a los líderes todo el tiempo que la incertidumbre es la razón de que sean líderes. La incertidumbre te da seguridad en el trabajo. Allí donde hay incertidumbre, siempre habrá necesidad de líderes, lo que significa dar siempre un paso adelante hacia lo desconocido, siempre necesitando valentía».

La escritora y conferenciante Nancy Ortberg llevó la idea de un liderazgo valiente un paso más allá, instando a los líderes a inyectar ese rasgo personal en el ADN de la organización. En nuestro encuentro en Los Ángeles en 2011, ella compartió su convicción de que la creación de una cultura audaz es fundamental para tener éxito: «El valor no es específico de un solo género ni tiene edad, no requiere de educación ni de un currículum. Cada uno de nosotros es capaz de transferir el valor de Dios a nuestra organización. El valor es el tipo de virtud sin la cual ninguna de las otras virtudes del liderazgo es posible. La única forma de valentía es a través del miedo y los obstáculos, la frustración y la rendición».

> **COMPARTE EN** 🐦 📘
> ¿Qué harías hoy si no tuvieses miedo a fracasar, si supieras con certeza que eres el único que puede hacerlo realidad? Ve y hazlo.
> #LíderCatalizador

Recientemente tuve que dejar marchar a un miembro del equipo que llevaba mucho tiempo con nosotros. Al entrar en una nueva fase, ya no encajaba en nuestra organización. Necesitábamos hacer un cambio, pero yo era reacio a tener una conversación difícil. Quería honrar el tiempo que había pasado en Catalyst y las contribuciones que había hecho a lo largo de los años. Pero también quería liberarlo para que pudiera buscar algo en lo que encajara mejor. Sufrí con el hecho de tener una conversación dura con él porque era amigo y porque él no reconocía que esto debiera suceder. Esperé demasiado a decírselo, poniendo cada día la tarea al final de mi lista de cosas por hacer y tratando de ignorarlo, lo que empeoró la situación. Cuando finalmente lo hice, él me echó en cara habérselo ocultado. Su frustración estaba justificada. Yo había dejado que mis propios miedos, inseguridades y emociones se interpusieran en el camino de una ejecución audaz. Enfréntate siempre a las decisiones o conversaciones difíciles de cara.

 Mira la conferencia de Nancy Ortberg acerca del valor en Catalyst Oeste, 2011 (videoclip) http://catalystleader.com/nancyortbergcourage

He aquí algunos consejos útiles para la construcción de una cultura audaz en tu organización:

- *Establece estándares que asusten.* Tu nivel de excelencia y de expectativa por tu producto, servicio o experiencia debería ser algo casi inalcanzable. Los objetivos seguros son establecidos por líderes con visiones seguras. Dale a tu gente un objetivo que les asuste y producirás líderes que sabrán lo que significa superar el miedo.
- *Permite el fracaso.* Muchas veces la carretera hacia el éxito discurre a la par de múltiples fracasos. Permite el fracaso e incluso anima a tu equipo a fallar mientras intentan lograr el éxito.
- *Recompensa la innovación.* La innovación requiere asumir riesgos. Y los riesgos audaces crean equipos audaces. Recompensar la innovación desafiará a tu equipo a crecer en sus roles.
- *Busca las oportunidades adecuadas.* No todos los riesgos son buenos. Sé disciplinado. Busca con osadía las pocas cosas con sentido. Di no a menudo.
- *Aprende a delegar.* Esta es una de las cosas más valientes

que un líder puede hacer. Encomendar a los demás tareas importantes requiere soltar y ceder el control. Dale generosamente a tu equipo responsabilidad y autoridad. Si quieres que tu equipo sea valiente, dales la oportunidad de liderar.

Estos elementos no son fáciles de promover en un entorno corporativo o ministerial. De acuerdo con nuestro estudio, apenas un 2% de los líderes cristianos creen que el «valor» es el rasgo que mejor los describe. Es probable que te resistas a cada paso. Como dijo G. K. Chesterton: «El coraje es casi una contradicción de términos. Es un intenso deseo de vivir que toma la forma de disponerse para la muerte».[5] La valentía mezcla nuestro deseo de correr hacia delante con la disposición de aceptar la posibilidad de ser detenidos en seco.

Cómo ser un líder «con la cara en el barro»
http://catalystleader/faceinthemud

Sin embargo, aquellos que desean ser agentes de cambio no tienen elección; deben exhibir coraje. Cualquier líder que logra algo importante ha pasado alguna vez por momentos de gran incertidumbre.

- ¿Deberíamos iniciar una campaña para construir un edificio o añadir otro servicio dominical?
- ¿Deberíamos contratar a nuevos empleados?
- ¿Deberíamos empezar nuestro propio negocio?
- ¿Deberíamos invertir en esta tecnología prometedora pero no probada?

Avanzar conlleva un gran riesgo, pero la posibilidad de huir en cierto modo se siente más peligrosa. En esos momentos, el agente de cambio necesitará una profunda confianza en la soberanía de Dios y una gran dosis de valentía para lanzarse hacia delante. Las habilidades naturales del liderazgo son suficientes para examinar las opciones. Pero la acción exige una inusual dosis de coraje.

La valentía no es innata como algunos de los otros valores fundamentales del liderazgo. Se aprende. La respuesta humana natural es huir de lo que nos da miedo. Pero los

COMPARTE EN 🐦 **f**
Muchas veces la carretera hacia el éxito discurre a la par de múltiples fracasos. Permite el fracaso e incluso anima a tu equipo a fallar mientras intentan lograr el éxito.
#LíderCatalizador

mayores avances en la vida ocurren cuando nos resistimos a ese impulso. ¿Recuerdas cuando eras un niño y no le temías a nada? Los niños a menudo muestran coraje de forma natural. La mayoría de nosotros podemos recordar ocasiones en que de niños dimos un paso de valor. Ya sea manejando una bicicleta sin ruedecitas, saltando en la parte honda de la piscina o soltándose de la baranda para patinar sobre hielo sin ayuda, la vida nos enseña que el progreso exige coraje. Debemos estar dispuestos a acercarnos al borde, mirar lo que hay enfrente de nosotros, armarnos de valor y saltar.

Recuerdo que cuando era niño desfilaba por el trampolín alto de la piscina en Bristow, muerto de miedo. La primera vez que salté desde el trampolín alto pensé que mi cabeza iba a estallar. Cuando alcancé el agua y sobreviví, sentí la seguridad necesaria para pasar rápidamente a un intento de salto mortal, ¡y finalmente unirme al equipo olímpico! Es una lección que está marcada a fuego en mi mente: atacar mis temores de frente me permitió lograr algo que jamás creí posible. Lo mismo con la escalada en Colorado. Definitivamente no soy ningún experto, pero la clave para la escalada es seguir sin miedo hacia la cima. Pon un pie delante del otro y sigue con tu progreso gradual mientras subes la montaña.

Muchas veces marcar la diferencia empieza con un simple movimiento. No podemos vivir ni liderar en un estado de miedo e inactividad. No te quedes al margen. Como creyentes, como seguidores de Jesús, si no andamos tras algo mucho mayor que nosotros, algo que no haya modo de que podamos conseguir sin Dios, entonces es que vamos demasiado sobre seguro.

La película *Braveheart* nos ofrece uno de los mejores ejemplos de coraje del cine moderno. Es una de mis cinco películas favoritas. La he visto más de veinte veces y aún me inspira y hace que me ponga en pie para aplaudir. Yo también quiero atacar el castillo y luchar por mis principios.

Randall Wallace escribió el guión y produjo la película, y ha hablado en múltiples eventos de Catalyst. Es una figura legendaria de Hollywood y ha hecho películas como *Campeón* y *Cuando éramos soldados*. Un tema común en todos estos argumentos es el valor frente a la adversidad. Esta característica da lugar a una gran película, pero también constituye un elemento esencial para ser un líder catalizador. Como acertadamente hace el personaje de William Wallace, debemos recordar que «los hombres no siguen un título, siguen el valor».

COMPARTE EN 🐦 ⓕ
El valor nos llama a enfrentarnos a ello y seguir adelante aunque todo en nuestro interior nos pida que retrocedamos.
#LíderCatalizador

Jim Daly se ha dado cuenta de esta verdad. Como presidente en Enfoque a la Familia, su estrategia ha sido tratar de construir puentes con muchas organizaciones y líderes, incluso con aquellos que están en profundo desacuerdo con la entidad. Tras el ejercicio del icónico James Dobson, él tuvo que hacer cambios importantes. Esto le ha supuesto un gran esfuerzo, pero Enfoque a la Familia se ha visto beneficiado. Daly encarna lo que significa vivir con audacia. Ha cambiado por completo la imagen de la organización, y su trabajo ha sido aclamado como innovador e inspirador.

Los líderes de hoy quieren formar parte de organizaciones construidas sobre este nivel de valentía. Quieren seguir a los líderes a lo alto del monte. Quieren unirse a un equipo que supere las probabilidades y que persevere en medio de la duda. Quieren saltar. Pero debemos ser intencionales a la hora de desarrollar esta característica antinatural. A menudo escribo una lista de diez cosas a las que temo y entonces dejo que un amigo elija tres que yo debo tratar de superar esa semana. Pienso en los últimos seis meses y me pregunto: «¿Hay algo que Dios me haya animado a hacer y que he ignorado?». Estos son buenos ejercicios para cualquier líder que quiera liderar de forma audaz, y te facultarán para liderar bien.

¿Y si nos aventurásemos con aquello para lo que Dios nos ha creado? «No temas» y «No tengas miedo», nos recuerda la Escritura. No importa cuál sea tu vocación o a qué desafíos te estés enfrentando, todo líder debe hacer una elección. Puedes sentarte en la cima de la montaña y disfrutar del paisaje o lanzarte al vacío del riesgo. Puedes valorar todo lo que has logrado o puedes soltarte de la cornisa y zambullirte. Te lo digo yo. El salto puede ser arriesgado, pero la decisión de quedarte donde estás aun lo es más.

CINCO LÍDERES VALIENTES QUE DEBERÍAS CONOCER

- **HANNAH SONG | LINK GLOBAL**

  Corea del Norte no es un país para miedosos. El gobierno opresivo le ha robado las libertades a su pueblo y castiga a cualquiera que desafía su autoridad. Sin embargo, Hannah ha iniciado un proyecto que rescata a refugiados y los reubica en centros de acogida de LiNK Global en China. Para ella, el riesgo de peligro no es tan grande como la promesa de libertad.

- **SHANNON SEDGWICK DAVIS | BRIDGEWAY FOUNDATION**

  Abogada de profesión, no vas a encontrar a Shannon litigando casos de divorcio. En cambio, ha dedicado su vida a luchar contra el genocidio y a promover los derechos humanos por todo el mundo. Mediante la Bridgeway Foundation, recauda dinero para financiar sus esfuerzos para localizar a los perpetradores de genocidios, tráfico ilegal y otros crímenes contra la humanidad más notorios del mundo y llevarlos ante la justicia.

- **JONATHAN OLINGER | DISCOVER THE JOURNEY**

  Discover the Journey es un equipo de valientes periodistas y escritores que trabajan para divulgar la injusticias contra los niños mediante la producción de materiales audiovisuales y arte. Liderando la organización encontramos a Jonathan Olinger, que ha viajado a algunos de los lugares más peligrosos y desamparados del mundo —Haití, República Democrática del Congo, Irak, la Primavera Árabe, Zimbabwe— en busca de crisis que necesiten de una mayor atención.

- CUE JEAN-MARIE | NEWSONG LA COVENANT CHURCH
  Si el valor se midiese por el cuidado «a uno de estos más pequeños» a cualquier precio, entonces Cue sería una de las personas más valientes que conozco. Creció siendo pobre, drogadicto y pandillero, pero las cosas cambiaron cuando encontró a Jesús. Hoy, trabaja en la tristemente célebre Central City East de Los Ángeles, conocida por muchos como *skid row* [zona de chabolas]. El área alberga la mayor población de personas sin techo de Estados Unidos y está plagada de crímenes, pero Cue ha dedicado su vida a llevar esperanza y paz a sus residentes.

- ANTHONY ROBLES | CAMPEÓN DE LUCHA Y ENTRENADOR
  Llegar a ser un luchador requiere valor, pero convertirse en luchador cuando has nacido con una sola pierna exige una montaña de coraje. Anthony reconoció su pasión por la lucha cuando estaba en octavo, y se enfrenó a sus detractores entrenando y dominando el deporte. Terminó el instituto con un récord de 129–15 y ganó el campeonato de lucha de la NCAA en 2010–2011 en su categoría de peso. Ojalá más soñadores persiguiesen su pasión con semejante valentía desenfrenada.

6

ÍNTEGRO

ÁNCLATE EN TUS CONVICCIONES

La grandeza no trata de personalidad. Trata de humildad y de voluntad. Ahí es donde empieza la esencia del liderazgo.

—JIM COLLINS, CATALYST ATLANTA

MÁS TARDE O MÁS TEMPRANO EL COMPROMISO CON LA INTEGRIDAD de una organización será puesto a prueba. Nuestro equipo se enfrentó a la prueba el año anterior a que yo asumiera el cargo de presidente de Catalyst. Y fracasamos.

Habíamos estado planeando un evento durante meses bajo la presión de un presupuesto ajustado. Nuestro equipo deseaba organizar un evento de calidad, pero también queríamos sobrevivir. En un momento de frustración, una gran organización cristiana se abalanzó sobre nosotros con una lucrativa propuesta. Se ofrecieron a extender un cheque para convertirse en patrocinadores distinguidos a cambio del derecho de ayudar a dar forma a nuestro programa. Esto incluía seleccionar a algunos de nuestros principales conferenciantes.

Me gustaría poder decir que nuestro liderazgo debatió la opción durante días e incluso semanas, que se encerraron en una oficina y oraron fervientemente por la decisión. Pero no puedo. Necesitados de una inyección de capital, aceptamos la propuesta y comenzamos a planear el evento como habíamos convenido.

Cuando finalmente el evento llegó, nuestro equipo esperaba lo mejor. Pero lo mejor parecía esquivarnos siempre. Varios de los conferenciantes elegidos por el patrocinador resultaron un rotundo fiasco. No estaban listos para la oportunidad, pero es que además habían sido elegidos para fomentar la marca del patrocinador en las mentes de nuestra comunidad. Entre presentación y presentación se embutían anuncios subliminales de nuestro patrocinador y sus productos. El evento empezó a parecerse a un conjunto de publirreportajes farragosos cosidos juntos sin ton ni son.

A su favor hay que decir que la audiencia reaccionó con mucha frustración y un poco de furia. Recibimos un montón de cartas y correos electrónicos con críticas negativas después del evento. La gente se quejaba del programa forzado y de las presentaciones poco consistentes. Nos aseguraron que no volverían si aquello era en lo que Catalyst quería convertirse.

Nos tambaleamos durante meses después de nuestra pobre actuación. La decepción se transformó en desánimo. La moral se hundió. Todos sabíamos que habíamos comprometido nuestra integridad. Nuestro equipo había fracasado, y puesto que no había dicho nada, yo también había fracasado.

Mientras nuestro equipo evaluaba el evento y discutía nuestro futuro, creció un deseo común de renovar nuestro compromiso con la integridad. Aunque habíamos fracasado, eso no nos convertía en fracasados. Juntos decidimos enmendar el error y garantizar que aquella metedura de pata no volvería a repetirse. Definimos los valores centrales de nuestra organización e hicimos un pacto para responsabilizarnos mutuamente de defenderlos a toda costa. Y entonces seleccionamos el tema para el siguiente año: «*Vintage*». Nos propusimos asegurarle a nuestra comunidad que éramos los de antes: la organización y comunidad de liderazgo que queríamos ser.

Catalyst aprendió muchas lecciones valiosas mediante aquella dura experiencia. Aprendimos que todas las organizaciones fallan, y nosotros no éramos una excepción. Aprendimos que los fracasos se pueden transformar en éxitos si aprendes de ellos. Descubrimos quiénes éramos y quiénes queríamos ser, y diseñamos un sistema para evitar la repetición de nuestros errores. Nuestro mayor error se convirtió en uno de nuestros mayores avances.

Me apropié de esta lección en mi nuevo rol en el liderazgo de Catalyst. Decidí ser inflexible en el compromiso con nuestros principios. Hoy, no se puede comprar un tiempo para hablar en ninguno de nuestros eventos. El escenario de Catalyst no está en venta. Liderar con carácter es el estándar para cada decisión que tomamos y la base de cómo nos relacionamos los unos con los otros y con nuestra comunidad de líderes. No vamos a comprometer esto.

En cierto modo, esto lo heredé de mi padre. Cuando él decía algo, podías creértelo. Siempre era honesto. Si le daban mal el cambio, jamás se lo quedaba. Papá nunca rompió una promesa que me hubiera hecho, hizo de su familia una prioridad y siempre trataba a la gente con respeto y amabilidad. Crecí viendo cómo mi padre se regía por sus principios y protegía su reputación, y nos enseñó a hacer lo mismo. Como él, reconozco que una persona u organización debe definir su carácter y aferrarse a él.

Algunos de los dichos que mi padre usaba para espolearme durante mi infancia eran:

- *Si vale la pena hacerlo, vale la pena hacerlo bien.*
- *No es lo que dices, es lo que haces.*
- *No empieces lo que no vas a acabar.*
- *Ganes o pierdas, siempre aprendes algo.*
- *Tu palabra es sagrada. Si no puedes mantenerla, no la des.*

Aún recuerdo estar acarreando heno un día de verano a cuarenta grados en Oklahoma, o estar construyendo una valla un sábado de otoño por la mañana temprano después de un partido de fútbol escolar nocturno, y que él soltase una de estas perlas en medio de la conversación. Con el tiempo, se me grabaron en la mente y se me clavaron en el corazón.

Recuerdo la frustración que sentía cuando mi padre me señalaba lo importante que era amontonar las balas de heno en perfecto orden. En aquel tiempo aquello no me importaba. Nadie inspeccionaría jamás nuestro trabajo ni mediría su efectividad ni se preocuparía de cuán rectas estuviesen las balas. Pero para mi padre aquello trataba de disciplina y de vivir de acuerdo a las lecciones que intentaba enseñarme. Lo importante era que *nosotros* conocíamos la calidad de nuestro trabajo y lo bien hecho que estaba, independientemente de que nadie más se diera cuenta.

Steve Jobs, cofundador de Apple, fue formado de modo parecido por su padre durante su infancia. Steve hablaba de la importancia que tenía para su padre darle un buen acabado a la parte trasera de los armarios y de las vallas, aunque quedasen ocultos. «Le encantaba hacer bien las cosas. Se preocupaba incluso por las partes que no se podían ver», comentó Jobs más tarde.[1] Como Steve, mi padre valoraba el trabajo que reflejaba lo mejor de mí y que estaba arraigado en algo más profundo que el deber.

Estas lecciones resultaban muy útiles cuando nuestra organización se enfrentaba a periodos de confusión y desconcierto, cuando éramos tentados a comprometer quiénes éramos y en qué creíamos. Hubo unos años en que la empresa matriz de Catalyst fue comprada y vendida. Nuestro futuro era incierto, así como nuestra habilidad para mantener lo que habíamos creado. Catalyst ha tenido a mucha gente en altos puestos del liderazgo con ideas sobre lo que la organización debía ser, o debía haber sido, o en qué podría mejorar. Estas ideas a menudo competían entre sí. Nos hemos enfrentado a la confusión organizativa y a la tentación de cambiar el rumbo muchas veces. Sin el compromiso con nuestros valores centrales, seríamos como un barco en el mar durante una tormenta.

Valores centrales de Catalyst

- Un alto nivel de excelencia
- Trabajo duro, juego duro
- Una cultura familiar
- Pasión por Jesús
- Ser cercanos, auténticos y estar cómodos con quienes somos
- Tener corazón para los líderes

He aprendido que los líderes se definen por sus fortalezas y convicciones interiores, no por la representación externa de quiénes son. Tu carácter determinará tu nivel de liderazgo e incluso tu legado. La reputación no puede delegarse y, como bien sabemos, cuesta una vida entera construirla, pero solo unos segundos perderla. Vivir los principios es un requisito fundamental que no solo te ayudará a liderar bien, sino también a terminar adecuadamente.

TRES ELEMENTOS DEL LIDERAZGO ÍNTEGRO

Una vida íntegra se compone de al menos tres elementos esenciales. A pesar de que no son los únicos requisitos, están entre los más importantes. Sin el compromiso con estos tres elementos, el liderazgo es casi imposible. El primero es la humildad.

Elemento número 1: humildad

Los líderes influyentes de la próxima generación también son las personas más humildes que conozco. No necesitan que se les reconozca el mérito del impacto de sus libros, organizaciones o iglesias. Lideran sin ser el centro de atención. Cuando les felicito, a menudo encaminan la conversación de vuelta a su personal o a la gracia de Dios. Yo llamo a esto «fuga del ego», o la práctica de deshacerse del propio orgullo mediante la estrategia de alabar a los demás. Es la marca segura de un líder humilde. Los mejores líderes reflejan la alabanza, no la absorben.

COMPARTE EN 🐦 📘
Un líder catalizador es humilde y hambriento, no arrogante y prepotente.
#LíderCatalizador

Los líderes humildes también son honestos acerca de sus defectos y fracasos. No los esconden, los aceptan. «La humildad no es negar tus fortalezas —dice Rick Warren—. La humildad es ser honesto acerca de tus debilidades».[2] Cuando los líderes están seguros de sus habilidades y confían en Dios para el resultado, se sienten cómodos con las grietas de su armadura. Pero cuando se vanaglorian de sí mismos y esconden sus debilidades bajo la alfombra, puedes estar seguro de que están luchando contra su propio orgullo y sus inseguridades. Los líderes honestos están dispuestos a declinar el mérito pero aceptar la crítica, a hacer crecer a los demás mientras ellos menguan y a poner los deseos del equipo por delante de los suyos.

He descubierto que el modo en que una persona habla a menudo revela su nivel de humildad. Para comprobar si estás liderando humildemente, examina si en tu discurso aparecen estas frases:

- *«Lo siento»*. Los líderes humildes se apresuran a disculparse cuando tropiezan. Si no puedes decir estas dos palabras, el resentimiento se propagará en tu equipo. Pedir perdón por tus errores convertirá el resentimiento en respeto.
- *«Ha sido culpa mía»*. A menudo los líderes temen admitir su culpa ante su equipo. Pero puedes estar seguro de que el equipo ya sabe quién es el responsable del fracaso. Ganarás más respeto admitiendo tus errores que ignorándolos.
- *«Gracias»*. Expresar gratitud es una de las mejores herramientas para levantar la moral. Piensa en pequeñas formas de expresar agradecimiento. Un equipo que se

siente apreciado trabajará más duro para ti y permanecerá fiel cuando las cosas vayan mal.

- *«Te escucho»*. El presidente Calvin Coolidge dijo una vez: «Nadie se escucha a sí mismo fuera del trabajo». Deja de hablar de vez en cuando y escucha lo que tu equipo dice. Aprenderás mucho más acerca de tu organización y de ti mismo si cierras la boca durante una o dos horas. Cuando estoy en una reunión, intento preguntar el doble de veces de las que respondo. Con frecuencia descubro cosas que de otro modo nunca habría sabido.

- *«Confío en ti»*. Una de las frases menos expresadas es también una de las más importantes. Tu equipo necesita saber que tienes confianza en ellos y en su habilidad para ejecutar sus tareas. Deshazte del mini jefe que se sienta en tu hombro y afirma que confías en aquellos que trabajan a tu lado.

- *«Buen trabajo»*. El ánimo es uno de los componentes más poderosos del arsenal de un líder. Mi amigo Steve Graves nombra a estos agasajos «galletas del ego». Sé generoso y liberal con el estímulo.

La humildad no puede enseñarse, pero en Catalyst tratamos de crear condiciones internas propicias para desarrollar un espíritu contrito. El objetivo es que nadie, ni siquiera yo, tenga un concepto demasiado alto de sí mismo. Cuando se trata de autoridad y responsabilidad, hemos tratado de llevar la toma de decisiones lo más lejos posible. No enfatizamos la cadena de mando jerárquica; más bien hacemos hincapié en las áreas del enfoque y la iniciativa clave.

En Catalyst cualquier miembro del equipo puede acercarse a mí con algún problema, asunto o idea. Creemos que esta estructura mantiene los puestos de trabajo alejados de los egos inflados. No nos tomamos a nosotros mismos demasiado en serio, yo el primero. Valoramos una cultura accesible libre de reyes y reinas ávidos de poder. Nadie de nuestro equipo se considera demasiado importante para ponerse a empaquetar cajas o cargar estanterías, o hacer lo que parecen tareas cotidianas.

Siete señales de que «se te ha subido el poder a la cabeza»

1. Sientes que necesitas un séquito allá donde vayas.
2. Eres inalcanzable, usas sistemas y encargados para protegerte de los demás.
3. Las únicas personas a las que dedicas tiempo son las que pueden hacer algo por ti.
4. Hablas y aconsejas *mucho* más de lo que preguntas y tomas notas.
5. Has dejado de reírte, en especial de ti mismo.
6. Crees que ciertos trabajos están por debajo de ti y te ofendes si alguien te pide que realices esas tareas.
7. Sientes que ningún trabajo merece tu aprobación... excepto el tuyo.

Los líderes honestos no necesitan alabanzas, elogios o méritos para actuar. Escuchan más que hablan. Puede que no sean tan conocidos, pero a menudo son muy influyentes. Lideran sin detenerse para la fanfarria o unas palmaditas en

la espalda. Todos hemos estado alrededor de líderes orgullo-
sos que constantemente hablan de sí mismos y le cuentan a
todo el mundo lo maravillosos que son. Por el contrario, los
líderes humildes saben que la vida no orbita alrededor de su
nombre. No se ven a sí mismos demasiado importantes para
llevar a cabo una tarea que esté «por debajo de su nivel». Si
es necesario, puedes verlos sacando la basura, llevando cajas
al almacén o lavando los platos que se han amontonado en la
sala de descanso. El autobombo nunca triunfa sobre el trabajo duro y la humildad.

Eugene Cho, fundador de One Day's Wages, cree que los
humanos tienen la capacidad de eliminar la extrema pobreza.
Su organización desafía a los líderes a donar el salario de un
día para ayudar a hacer realidad esta visión. Eugene dice que
el orgullo es el mayor impedimento para los líderes de hoy.
¿El remedio? Él dice: «Lucha contra él, confiésalo, nómbralo
y compártelo con los demás. Pero busca la humildad sin
anunciarlo para que no nos convirtamos en justos al respecto
y, por consiguiente, tengamos una versión más matizada y
sofisticada de lo mismo».[3] Cuando nuestro equipo detecta el
orgullo, tratamos de expulsarlo de inmediato.

Se cuenta una conocida historia sobre el sexagésimo
cumpleaños del evangelista Billy Graham en Charlotte,
Carolina del Norte. El evento estaba lleno de reconocidos
líderes religiosos, políticos y dignatarios que se deshacían en
elogios sobre el mundialmente conocido predicador. Cuando
Graham subió al podio para hablar no expresó ninguna gratitud por todos los cumplidos. En cambio, citó las Escrituras:
«Dios no compartirá Su gloria con nadie». Después les rogó
que no le tentaran a robarle la gloria a Dios con sus alabanzas, a pesar de que apreciaba las amables palabras.[4]

Desgraciadamente, este nivel de humildad es cada vez más escaso entre los líderes de hoy. Cuando les preguntamos a los líderes cristianos qué rasgo de liderazgo les describía mejor, solo el 1% respondió «humildad». Vivir en el Primer Mundo nos provee de una existencia afortunada, pero a menudo va acompañada por un sentimiento de derecho. Sin embargo, más de uno de cada cuatro encuestados en nuestro estudio dijeron que buscaban la humildad en un jefe potencial. Necesitamos líderes humildes que de forma discreta consigan grandes proezas sin llevar a rastras el tumor del orgullo. Este tipo de líderes existe, y unos cuantos sobresalen sobre el resto.

Jud Wilhite debe ser el pastor influyente más desconocido de Estados Unidos. Su congregación, la Central Christian Church en Las Vegas, es una de las más grandes del país. Sin embargo, Jud lidera y afecta a la ciudad de Las Vegas con una tranquila seguridad que atrae a veinte mil personas cada domingo. Toda una hazaña para una iglesia situada en el corazón de la Ciudad del Pecado.

COMPARTE EN 🐦 f

Los líderes se definen por sus fortalezas y convicciones interiores, no por la representación externa de quiénes son. #LíderCatalizador

Otro gran ejemplo es Nathan Nockels, uno de los productores musicales más influyentes del momento. Aunque seguramente es más conocido por ser el esposo de la cantante y compositora Christy Nockels. Sin embargo, Nathan es un músico con un talento increíble. Cada semana pasa innumerables horas en un estudio mezclando y creando melodías cautivadoras. Compone canciones interpretadas por artistas como Passion, Chris Tomlin o Kristian Stanfill; su música impacta a millones de personas. De su esposo, Christy dice:

«Musicalmente es brillante. Vive el concepto de "hecho en secreto". Si pudiese, ¡se escondería detrás de una cortina para tocar en el escenario! Tiene corazón para la música, y eso me encanta. Sigue inspirándome con sus decisiones y por el deseo de ser fiel a lo que tiene delante».[5]

También me viene a la mente John Featherston, un alto ejecutivo de Chick-fil-A. Cuando nos conocimos, me deslumbró lo poco que hablaba de sí mismo y cómo se concentraba en conocerme. Cuando nos volvimos a ver, me propuse hacerle más preguntas de las que él me hiciera a mí. Fue como un duelo del Salvaje Oeste. Nos pusimos en guardia y nos acribillamos mutuamente a preguntas hasta que ninguno de los dos quedó en pie. Ahora bromeo, pero la lección y el principio que aprendí de John quedaron grabados en mí: humíllate lo suficiente para concentrarte en los demás.

Creo que el liderazgo se reduce a caminar en un estado de humildad que te permita aprender de los demás y escucharles, que no se apresura a juzgar, que te permite darle a la gente el beneficio de la duda hasta que se demuestre lo contrario.

—MATT CHANDLER, PASTOR DE VILLAGE CHURCH

Cuanto más alto llegues, mayor es el riesgo de que comprometas este principio. El poder es uno de los grandes corruptores de los aspirantes al liderazgo. Es embriagador. En su libro clásico sobre el liderazgo, *En el nombre de Jesús*, Henri Nouwen escribe que la razón por la cual el liderazgo es un corruptor tan fuerte es porque «parece más fácil ser dios que amar a Dios, más fácil controlar a la gente que amar a la gente, más fácil poseer la vida que amar la vida». Recuerda que tu carácter e integridad se construyen a lo largo del tiempo, en los momentos significativos cuando piensas que nadie está mirando. Cultiva un espíritu de humildad mientras buscas liderar y obtendrás resultados que creías imposibles.

Hace poco arruiné este principio esencial durante una conversación entre nuestro equipo y uno de los veteranos socios estratégicos de Catalyst. Estábamos discutiendo el reciente crecimiento de nuestra organización y me pasé unos minutos hablando sobre todas *mis* contribuciones al éxito. Mientras hablaba miré a mi alrededor en la sala y noté las miradas de desánimo que exhibían los rostros de los miembros de mi equipo. La energía había desaparecido de la habitación. Me di cuenta de que me las había dado de jefecillo egocéntrico en un intento de quedar bien. Rápidamente cambié mi vocabulario de «yo» a «nosotros», dándole el mérito a aquellos que me rodeaban y que lo merecían.

Recuérdate a menudo que no eres el único miembro de tu equipo. Cuando logres una gran victoria y alguien te pregunte el secreto de tu éxito, empieza tu respuesta con «nosotros» o «nuestro», no con «yo» o «mi». Y después alza una oración de gratitud por tener un equipo con el que puedes contar. Si tu organización se fundamenta únicamente en ti, no va a durar. El equipo es importante. La gente que tienes cerca y que te conoce mejor serán los que más te respeten.

Jim Collins observa:

La grandeza no trata de personalidad. Trata de humildad y de voluntad. Ahí es donde empieza la esencia del liderazgo. Pero humildad de un tipo muy especial. Es humildad definida, una ambición absolutamente apasionada que se canaliza hacia el exterior a una causa, empresa o conjunto de valores de una compañía o misión mucho más grande que tú, combinado con el rol totalmente estoico de hacer lo que haya que hacer para lograr esa ambición.[6]

COMPARTE EN 🐦 📘

Los líderes honestos están dispuestos a declinar el mérito pero aceptar la crítica, a hacer crecer a los demás mientras ellos menguan y a poner los deseos del equipo por delante de los suyos.

#LíderCatalizador

Cuando encontré esta cita en el libro de Collins *Empresas que sobresalen*, fue la primera vez que me di cuenta del verdadero poder de la humildad. Lo que antes veía como una muestra de debilidad es, en realidad, una parte esencial de lo que hace grande a un gran líder. Desde entonces, me he estado recordando a mí mismo que la humildad es un rasgo indispensable para cualquiera que quiera convertirse en un agente de cambio.

Dave Balter, fundador y director ejecutivo de la compañía de *marketing* social BzzAgent, dice que los líderes deben tener humildad o ser destruidos por la arrogancia. Al compartir el centro de atención y reconocer el valor de los demás, sigue diciendo, nos facultamos a nosotros mismos para liderar bien:

Si eres un líder que se alimenta del ego, encuentra hoy mismo la humildad, antes de que sea demasiado tarde. Ignora a los admiradores serviles y el poder real que sientes ahora. A cambio, elige reconocer que tu lugar en el universo no es más importante que el de cualquier otro. Descubre que puedes aprender de cada simple interacción, sin importar las credenciales de la persona.

Caminar humildemente con Dios es importante tanto para el liderazgo como para servir a Dios. De hecho, es una de las tres cosas que el profeta Miqueas dice que Dios exige de aquellos que le siguen (Miqueas 6.8). Cuando buscamos a Dios, dejamos de mirarnos a nosotros mismos y empezamos a centrarnos en Él, inquiriendo dónde nos está guiando, qué quiere para nosotros y cómo podemos servirle mejor. Así que la humildad no es solo pensar menos en nosotros mismos, sino pensar más y más en Jesús. Louie Giglio lo resume diciendo: «Si Jesús cabalgó en un pequeño asno, nosotros deberíamos dar un paso al frente y apearnos de nuestro corcel».[7]

Elemento número 2: disciplina

La disciplina es el segundo elemento esencial de una vida íntegra. Cuando pienso en los líderes jóvenes que realmente están marcando una diferencia, aquellos cuyas organizaciones y proyectos son innovadores y efectivos, una de las características que comparten es el compromiso con el trabajo duro.

Cuando el lanzador de las Grandes Ligas de béisbol Nolan Ryan era joven, se dio cuenta de que había desarrollado el hábito de lanzar la pelota tan fuerte y tan lejos como podía. Esta estrategia no funcionaba al principio de su carrera. Lanzaba de forma errática, eliminaba bateadores y perdía partidos. «Si no hacía un ajuste o un cambio, entonces acabaría siendo uno de esos jugadores con mucho talento pero que no hacía nada con ello —reflexionó Ryan—. Tenía que aprender a apoyarme en mi mente, no solo en mi cuerpo».[8]

Así pues, ¿qué aprendió Ryan en el proceso?

«Es importante saber que para llegar a lo más alto y tener éxito en la cima se requieren dos tipos de habilidades —dice Ryan—. Mucha gente llega aquí con la habilidad que Dios les ha dado, el don que han recibido. Pero quedarse aquí y gozar de una larga carrera exige un compromiso para hacer sacrificios que la mayoría no van a hacer de forma constante. Puede que el talento te traiga hasta aquí, pero hay que trabajar, trabajar de verdad, para permanecer, y es necesario desarrollar la parte mental de tu juego para destacar en este nivel».[9]

El lanzador, ahora en el Salón de la Fama, aprendió que la disciplina y el trabajo duro eran fundamentales para el éxito, y su nueva estrategia en el lanzamiento dio unos resultados espectaculares. Cuando Ryan se retiró, a los cuarenta y seis años, acumulaba 324 asombrosas victorias en su carrera. También había establecido el récord de eliminaciones por *strike* (5.714), el de más *strikes* en una temporada (383) y el de jugador menos bateado en una carrera (7).

Cuando lideramos, debemos comprometernos de forma continuada con el hecho de cuestionarnos. Yo sugiero escribir las preguntas fundamentales una vez al año y después responderlas con honestidad:

- Cuando miro la suma total de mis esfuerzos de este año, ¿creo que he hecho mi mejor trabajo?
- ¿He terminado todo lo que he empezado o he dejado atrás proyectos por terminar?
- ¿He caído en la tentación de tomar atajos? Si es que sí, ¿cómo puedo protegerme de ello en el futuro?

Nuestro equipo a menudo ha puesto la mirada en invitar a un determinado conferenciante de alto nivel para un evento de Catalyst. Sabemos que estas invitaciones son una apuesta arriesgada para nosotros, pero igualmente vamos tras ellas. Recuerdo a un escritor de éxito al que invitamos hace unos años que no era cristiano y no hablaba en muchos eventos religiosos. Cuando contactamos con él la primera vez declinó nuestra invitación. Pero no nos rendimos. No le atosigamos, pero continuamos insistiéndole. Persistimos durante casi tres años hasta que aceptó la oferta. Ahora ya ha hablado en varios de nuestros eventos. Allí donde la mayoría de las otras organizaciones hubieran desistido y cambiado de rumbo, nosotros permanecimos firmes.

También nos pasamos nueve años centrándonos en hacer una cosa realmente bien: organizar una gran experiencia de liderazgo para nuestro público principal. Sabemos que las distracciones obstaculizan la disciplina. Así que nos hemos enfocado en un solo objetivo y hemos fijado nuestra mirada en él. Te animo a hacer lo mismo.

> Los líderes dirigen desde aquello que son por dentro. Es por eso que el Dios que nos creó está tan entusiasmado por rehacernos desde el interior.
> —GARY HAUGEN, PRESIDENTE Y DIRECTOR EJECUTIVO DE INTERNATIONAL JUSTICE MISSION

Esta generación en particular cae en la trampa del romanticismo cuando se trata del trabajo. A menudo muchos creen que un trabajo va a estar lleno de emoción, ascensos y propósito. Frecuentemente se sorprenden cuando descubren la dura tarea que requiere un buen liderazgo. Este exige un alto grado de disciplina. Al contrario de lo que algunos pueden creer, mi equipo no se pasa la mayor parte del tiempo en un laboratorio creativo ideando eventos divertidos o codeándose con escritores de éxito del *New York Times*, pastores de megaiglesias y blogueros famosos. La mayor parte del tiempo lo pasamos en la oficina trabajando largos días para hacer bien las tareas que a menudo parecen insignificantes a los de fuera.

Nuestra tendencia como seres humanos es favorecer lo rápido sobre lo lento, lo barato sobre lo caro y lo fácil sobre lo difícil. Es por eso que a menudo buscamos el camino rápido hacia el éxito. Queremos un jonrón en un solo lanzamiento. Un *touchdown* en un pase Hail Mary. Una simple decisión que genere millones en ingresos. Cuando pensamos que estamos en la cúspide de semejante ocasión, nuestra adrenalina se dispara e instintivamente intervenimos.

Sé un líder «todo en uno»
http://catalystleader.com/youallin

Vivir una vida de fidelidad va en contra de esta tendencia. Reconoce que seguir a Dios a menudo requiere que escojamos lo lento, lo difícil y lo costoso. Significa favorecer una disciplina diaria pausada sobre el destello fugaz del momento. La creación de un líder requiere tiempo, a pesar de que nuestro mundo empapado por los medios sociales nos dé una impresión diferente. Hay pocos éxitos instantáneos, y la mayoría de los líderes que toman atajos no terminan bien. Convertirse en un agente de cambio requiere una constancia continua afianzada por un compromiso con hábitos y rasgos saludables. Demanda escoger el camino más largo cuando tenemos la tentación de acortarlo. Apuntalar los cimientos de nuestro carácter personal ladrillo a ladrillo. Permanecer comprometidos en los pequeños detalles y en lo cotidiano. Un líder catalizador entiende que la influencia es tanto el camino como el destino. En el anonimato y la oscuridad es donde la mayoría de los líderes se desarrollan y se hacen de verdad. Donde lo ordinario crea lo extraordinario. A Dios le importa mucho más en quién te estás convirtiendo que lo que estás haciendo o logrando.[10]

La cantante y compositora Christy Nockels dice esto acerca de la disciplina de ganar influencia:

Desarrollarse en secreto, en lugares que nadie conoce ni ve, es crucial para la nueva oleada de líderes. Quiero tener longevidad y permanecer fiel. Dios nunca ha permitido que nuestra carrera se dispare hacia la locura. Prefiero un crecimiento constante de mi fidelidad. Terminemos fuertes y seamos persistentes, tengamos una larga vida y permanezcamos fieles. Ya sea escondidos, o pequeños, o en un gran escenario, o sin un disco de oro o un álbum de platino. Hay un enorme valor en la riqueza del cultivo de nuestra fidelidad donde estamos ahora mismo.[11]

Todo el tiempo les digo a los líderes, especialmente a los más jóvenes y ambiciosos, que se hagan expertos ahora, incluso antes de que necesiten serlo. Parte de ser un líder disciplinado es estar preparado. Cuando te llega el turno de dejar el banquillo, cuando te llega el turno de dar tu opinión y ofrecer consejo, cuando te llega el turno de liderar el proyecto, puedes dar un paso al frente y hacerlo realidad. Actúa, lidera, sueña, crea y realiza basándote en la tarea o posición que quieres para después, no en la tarea o posición que tienes ahora. Métete en el papel antes de conseguirlo. Exige perfección de ti mismo antes de que lo haga cualquier otro. Batea jonrón ahora, pero ten visión y hambre de algo mayor. Visualiza dónde quieres estar y lidera como si ya estuvieses allí.

> El talento no gana. El trabajo duro, la determinación y el carácter ganan. Si fundamentas tu talento y habilidad en estas cosas, entonces tendrás una poderosa combinación.
>
> —ERWIN MCMANUS, PASTOR Y ESCRITOR

Ser un líder firme significa hacer lo que dices que vas a hacer. Tu «sí» es sí, y tu «no» es no. La credibilidad se adquiere mediante la disciplina y la capacidad. La gente quiere seguir a líderes que sean creíbles: que hagan lo que han dicho que harán. Tu equipo quiere creer que se puede confiar en tu palabra, que te apasiona el trabajo que haces, que sabes adónde te diriges y que tienes el conocimiento, la perseverancia y la habilidad necesarias para liderar.

Si empiezas un proyecto, termínalo, no importa cuánto tiempo te lleve o cuánta energía requiera. Si no estás dando lo mejor de ti, pídele a un amigo o compañero que te ayude a ser responsable. Si fracasas, tómate el tiempo que necesites para extraer lecciones de ese error. Y, evidentemente, invierte una gran cantidad de tiempo en tu propio crecimiento espiritual. Progresa de forma constante. El progreso en el proceso crea nuevas posibilidades. Haz un pequeño cambio cada día. Nunca dejes de crecer y de mejorar. Sé curioso, comprometido y dispuesto a aprender: sé siempre un estudiante.

Parte de ser disciplinado significa obligarte a ti mismo a hacer cosas que no te atraen, pero que sabes que debes hacer. La gran tentación para los cristianos es permitir que los esfuerzos *por* Dios en el lugar de trabajo reemplacen el viaje personal *con* Dios en la vida diaria. Debes ser lo suficientemente disciplinado para reservar tiempo para Aquel que nos ha dado los talentos y la vida necesaria para el trabajo que desempeñamos. Cuando somos disciplinados espiritualmente, a menudo somos más efectivos en nuestra vocación.

Una vida de buen liderazgo: Dallas Willard

Dallas Willard es más que un simple escritor, también es un modelo de carácter. Como profesor de Filosofía en la Universidad del Sur de California, en Los Ángeles, podría haberse pasado la vida publicando en periódicos académicos y dando conferencias para intelectuales. En cambio, Dallas ha dedicado gran parte de su vida adulta a explorar la vida de un seguidor íntegro de Jesús. Sus libros analizan temas como la oración, el discipulado y las disciplinas espirituales.

Dallas Willard no es el típico profesor de filosofía. Se guía por algo mucho más profundo. Dallas se ha comprometido a vivir una vida de humildad, integridad y disciplina centradas en Cristo, y ha ayudado a miles de personas a unirse a él en este empeño.

«Correr bien la carrera, ser fiel en lo poco, es nuestra parte. Y cuando miramos el camino que tenemos delante, debemos tratar con los detalles», escribe en *Renueva tu corazón: Sé como Cristo*. «Es decir, debemos tomar las cosas particulares que nos entorpecen y el pecado que nos enreda y echarlos a un lado de forma metódica y sensata».[12]

Pasé unos minutos con Dallas Willard hace un par de años en un evento de Catalyst. Disfrutamos de un excepcional tiempo de conversación juntos. Mientras él hablaba, recuerdo sentir la presencia del Espíritu Santo más que en cualquier otra ocasión de mi vida. Fue un punto de referencia en mi vida. Sus acciones, sus palabras cuidadosamente sopesadas y su tono modesto me dijeron que aquel hombre vivía de acuerdo a los principios que promocionaba. Mientras me preguntaba cosas sobre mí y sobre Catalyst, recuerdo que su humildad y autenticidad me impresionaron. Estaba allí para recibir el Premio Catalyst a los logros de toda una vida, y en aquel momento supe que habíamos elegido a la persona adecuada.

Parte de ser un líder disciplinado es la repetición. Cuando mi papá entrenaba a mi equipo de fútbol del instituto, solía terminar las jugadas gritando estas tres palabras: «¡Corre de nuevo!». Él sabía que el único modo de garantizar que el equipo hiciese bien las cosas en el partido era repetirlas con frecuencia en los entrenamientos. Reconocía que el campeonato no se ganaba el día del partido. Se ganaba en los meses y meses de duro trabajo, de práctica, de dobles sesiones de entrenamiento, de doloroso trabajo duro que moldea a un equipo. Así que nos obligaba a comprometernos con el trabajo duro, la disciplina y la repetición para que fuésemos los mejores aunque no hubiera nadie en las gradas.

Lo que es cierto para el deporte también es cierto para la comunicación. Los mejores conferenciantes, profesores y predicadores saben que la repetición es fundamental para ganar un punto y hacerlo permanente. Cuando los padres tratan de instaurar un principio en sus hijos, aplican la misma sabiduría, repitiendo el axioma una y otra vez. Cuando los líderes de una organización tienen una visión, las palabras no se pueden decir solo una vez y después olvidarlas. Deben repasarse, redefinirse y repetirse hasta que se impregnen en el tejido cultural de la organización. Esto suele resultarles difícil a los líderes porque nos aburrimos o nos distraemos con los mensajes que todos conocemos demasiado bien. Pero lo que sirve

para los entrenadores, comunicadores y padres también es válido para los líderes. Todos debemos aprender a desatar el poder de la repetición. Debemos comprometernos con las tareas que se nos han asignado y permanecer constantes a lo largo del recorrido.

> Un sueño no se hace realidad por arte de magia; exige sudor, determinación y trabajo duro.
> —COLIN POWELL, EXSECRETARIO DE ESTADO DE ESTADOS UNIDOS

Malcom Gladwell dice que los líderes se hacen expertos cuando llevan en el camino al menos diez mil horas.[13] Jim Collins se hace eco de esto con su concepto de la marcha de los treinta kilómetros.[14] No es la carrera corta la que nos moldea, sino la perseverancia en una determinada tarea. Sé fiel en lo poco. Nuestro carácter y quiénes somos como líderes se crea en su mayor parte por cómo nos comportamos y crecemos cuando nadie está mirando.

Mientras que muchos cristianos están familiarizados con el trabajo de Louie y Shelley Giglio liderando los eventos de Passion, puede que no sepan que la pareja lleva diecisiete años realizando este trabajo. Y han estado atendiendo a estudiantes universitarios durante veinticinco años. Ellos demuestran que ser persistente es crucial para liderar y una de las características más importantes para aquellos que están en el liderazgo hoy en día.

«La capacidad de atención de los líderes está siendo borrada del mapa por el déficit de atención sobre nuestra cultura. Debemos tener una capacidad de atención superior a veinte minutos o veinte días o incluso uno o dos años —dice Louie—. La longevidad, el compromiso y la disciplina son lo que realmente importa».[15]

Los Giglio se han comprometido a permanecer con lo que han empezado, y han echado raíces profundas. Han luchado en los tiempos difíciles y han disfrutado de los momentos de éxito. Abandonaron la ilusión del éxito instantáneo hace mucho tiempo. Como resultado, han construido uno de los mayores movimientos de jóvenes cristianos de la historia moderna de Estados Unidos.

10 formas de incrementar tu disciplina personal y conseguir que se hagan las cosas
http://catalystleader.com/getthingsdone

Elemento número 3: integridad

El último elemento esencial para el liderazgo íntegro es el que nuestro equipo aprendió por el camino difícil hace unos años: la integridad. Es la primera de las famosas *21 leyes irrefutables del liderazgo* de John Maxwell.[16] Warren Bennis, exitoso escritor sobre liderazgo, llama a la integridad «la característica más importante de un líder».[17] Jack Welch, exejecutivo de GE, dijo en sus memorias que la integridad era el «valor número 1» de su organización. Dijo que nunca habían tenido una reunión corporativa donde la integridad no fuera enfatizada en sus conclusiones.

La *integridad* se ha definido como «una adhesión voluntaria y coherente a un conjunto de características y principios humanos incluyendo la honestidad, el respeto, la lealtad, la responsabilidad y la confianza aplicados a todas las facetas de las operaciones comerciales».[18] Pero si aceptamos esta definición, debemos admitir que hemos sido testigos de la destrucción de esta característica durante los últimos treinta años en casi todos los ámbitos de la cultura. Los escándalos corporativos como Enron han sacudido el mundo empresarial. Los líos amorosos de los telepredicadores y las acusaciones de abuso sexual de los sacerdotes han hecho añicos el respeto por las instituciones religiosas. Los escándalos de políticos, atletas y celebridades dominan los titulares. Como consecuencia, nuestra generación se ha hecho cada vez más cínica.

En un mundo de escépticos y pesimistas, las personas se sienten más atraídas que nunca hacia los líderes íntegros. Si eres conocido como una persona de carácter, atraerás a mejores empleados y los mantendrás durante más tiempo. Atraerás a más clientes fieles y a más admiradores incondicionales. La sociedad anhela líderes íntegros.

Plantamos césped donde Dios quiere plantar semillas. Él está más interesado en hacer crecer nuestro carácter que en que parezcamos terminados.

—BOB GOFF, ESCRITOR Y FUNDADOR DE RESTORE INTERNATIONAL

De acuerdo con nuestro estudio, el 64% de los encuestados dijeron que creían que la integridad es uno de los rasgos de liderazgo más importantes de la próxima década. No podría estar más de acuerdo. Pero quizá lo más interesante es que el 57% de los líderes cristianos dijeron que la integridad es uno de los atributos más importantes que buscan en un jefe. Si trabajas para desarrollar este principio esencial en tu vida, sobresaldrás del conjunto y te convertirás en la clase de líder que atraerá mejores talentos a tu equipo.

Para construir la integridad, debes empezar identificando las minas. *¿Cuáles son las áreas en las que eres más vulnerable? ¿Cuáles son las debilidades ocultas que podrían estallarte en las manos?* Puede que sea la pornografía, un compañero o compañera de trabajo por quien te sientas atraído en secreto o una glotonería incontrolable. Una vez que identifiques estas áreas, establece un sistema para rendir cuentas. Haz que lo correcto sea fácil de hacer y lo incorrecto, difícil. Y asegúrate de que alguien te supervise. Los líderes no pueden permitirse el aislamiento, y rendir cuentas es una de la mejores formas para protegerse de ello.

Desgraciadamente, muchos de mis compañeros siguen luchando con esto. Hace poco mi amigo Jim dejó el ministerio pastoral a causa de su fracaso matrimonial. Viajaba mucho e ignoraba las múltiples advertencias de pasar demasiado tiempo con «amigas» mientras estaba de viaje. Su ausencia de integridad no fue intencional, sino que poco a poco empezó a deslizarse por una pendiente resbaladiza. El hecho de no rendir cuentas y las malas decisiones que tomó le llevaron a destruir su matrimonio y arruinar su vida.

Yo también batallo con muchas minas en mi vida. El éxito es mi ídolo, y a menudo me encuentro adueñándome del mérito de mis logros. A veces también caigo en una mentalidad de escasez en vez de una mentalidad de abundancia, con noches en blanco preocupándome de si la gente asistirá a nuestros eventos. Si no voy con cuidado, empiezo a tomar decisiones impulsivas y dañinas guiado por mi ansiedad. Como resultado de mis minas, les he pedido a unos pocos miembros de mi equipo que me hablen honestamente cuando me vean caer en estas trampas. Incluso he creado un consejo personal de directores formado por amigos que me conocen bien y tienen la libertad de exigirme responsabilidades en todo. Ninguno de nosotros es demasiado bueno, demasiado espiritual o demasiado moral como para no equivocarse.

Hace varios años, en Catalyst Atlanta decidimos que un equipo de grabación me seguiría a todas partes durante un evento para captar lo que estaba pasando. Allí donde fuera tenía un cámara detrás. Al principio me gustaba la novedad y no pensaba mucho en ello. Pero entonces sucedió. Empecé a sentirme importante, poderoso e intocable. El encanto de ser alguien realmente grande se estaba apoderando de mí. Hasta les pedí a un par de miembros de mi equipo que me fueran a buscar una muda de ropa porque yo estaba «muy ocupado» y tenía que estar ante la cámara. Por suerte, mi amigo Jeff, que lleva muchos años trabajando conmigo, me llevó a un lado para darme un baño de realidad. Me dijo que estaba pisando la mina del orgullo y que debía tener cuidado. Él tenía razón, así que hice los cambios necesarios.

COMPARTE EN 🐦 f
En quién te estás convirtiendo es mucho más importante que lo que estás haciendo.
#LíderCatalizador

Una vez que identifiques tus propias minas, debes establecer un sistema para rendir cuentas. He visto a muchos líderes durante la última década que simplemente se desconectaron. Para liderar bien, debes evitar aislarte y quedar incomunicado. Permanece conectado con personas en quienes puedas confiar y con las que puedas ser honesto. Personas a las que des permiso para mirar bajo la superficie y que no se dejen impresionar por ti. La integridad es esencial; por tanto, rendir cuentas es uno de los grandes motores para un liderazgo longevo. ¿Quién te dice la verdad en tu vida? ¿Quién puede decirte honestamente cuándo te equivocas y mantenerte en contacto con la realidad?

No seas intocable ni empieces a pensar que eres alguien grande. Sé tú mismo. No dejes de tener los pies en el suelo. Puede que no controles necesariamente tu reputación, pero puedes controlar tu carácter. Evita rodearte de un séquito de aduladores que solo te digan lo que quieres oír y no estén dispuestos a decirte la verdad. Para muchos líderes, la mayor amenaza para la influencia hoy en día es nuestra tendencia a leer nuestros propios recortes de prensa y a construir continuamente un muro que nos proteja de cualquier tipo de crítica honesta.

No puedes hacerlo todo. El individuo u organización que trata de hacerlo todo no hará nada bien. Céntrate en unas pocas cosas y sé bueno en ellas. Conócelas. Respíralas. Ámalas. Vívelas. Y hazlas bien. Hazlas con excelencia. Hazlas con integridad.

—EUGENE CHO, PASTOR Y FUNDADOR DE ONE DAY'S WAGES

Cuando la gente te vea vivir una vida de integridad y responsabilidad, confiarán en ti. De forma regular, toma un tiempo para hacerte preguntas difíciles acerca de tu carácter personal. ¿Qué tipo de persona eres cuando no hay nadie mirando? ¿Eres el mismo cuando estás solo que cuando estás con los demás? ¿Ejercitas la integridad tanto en las decisiones pequeñas como en las importantes? Las respuestas a estas preguntas te ayudarán a evaluar si estás desarrollando o no este rasgo esencial en tu vida.

Si lideras el tiempo suficiente, tomarás malas decisiones. Cederás cuando no debas o permanecerás firme cuando necesites ser flexible. Pero la integridad debe estar siempre en la vanguardia de tu mente. Recuerda: el carácter se construye con el tiempo y en los pequeños momentos. Las decisiones aparentemente insignificantes que tomas cuando crees que nadie te está mirando o prestando atención forjarán tu carácter. Así que no desaproveches las oportunidades diarias para construir tu integridad. Estas pruebas de carácter gradual forman el buen carácter.

Nuestro equipo invitó una vez a un controvertido conferenciante que creó un gran revuelo entre nuestra comunidad. Nos inundaron los correos electrónicos de personas disgustadas pidiéndonos que reconsiderásemos la invitación. Pronto nos encontramos entre la espada y la pared. Por un lado, queríamos honrar nuestra petición a esta persona. Ya habíamos publicado los materiales de la conferencia anunciado su intervención, y quizá algunas personas habían decidido asistir en parte debido a su participación. Por otro lado, no queríamos traer a este orador a un ambiente que le pudiese resultar hostil o contrario a su mensaje. Tampoco queríamos a una persona a la cual nuestra comunidad se opusiera tan de frente que ni siquiera se tomaran la molestia de escucharle de forma imparcial.

Una reunión previa se convirtió en una docena o más antes de decidir que el conferenciante participara en el evento vía vídeo en lugar de en directo. Yo estaba frustrado y decepcionado por la resolución. Y avergonzado. Después de todo, fue mi decisión invitarle en primer lugar, así que lo sentí como un fracaso.

Si hoy les preguntaras a los miembros de nuestro equipo si tomamos una buena decisión, algunos dirían que sí y otros que no. Pero lo que todo el mundo te diría es que nuestras discusiones se centraron en responder esta pregunta: ¿qué es lo correcto en esta situación? Mantener la integridad era la norma a la hora de tomar decisiones. Reconocimos que ser una organización íntegra significaba usar la integridad como estándar para la toma de decisiones.

> El liderazgo funciona en base a la confianza, y cuando la confianza desaparece, el líder pronto lo hará.
> —JOHN MAXWELL, CONFERENCIANTE Y ESCRITOR

JUNTAR TODO

Una persona que creo que reúne los tres elementos del liderazgo íntegro es Nancy Duarte. Nancy ha erigido una de las firmas de diseño más respetadas e influyentes en Silicon Valley llamada Duarte Design. Durante veintidós años ha estado levantando su compañía y construyendo una cultura corporativa excelente.

Aunque la empresa no es una organización cristiana, Duarte Design está liderada por Nancy y su esposo con integridad, humildad y disciplina, integrando constantemente los principios bíblicos en su cultura organizacional. Duarte Design ayuda a empresas líderes mundiales a construir y crear presentaciones. Entre sus clientes se encuentran Apple, Google, Al Gore, Cisco, Facebook, TED Fellows y muchos más. Estas organizaciones trabajan con Nancy porque confían en ella. Aceptan el énfasis de su organización en los principios cristianos porque la llevan a la integridad.

Nancy subraya que ser un líder íntegro puede llevar a alguien a un éxito increíble. Y como Nancy, un líder catalizador se fundamenta en algo más que la pura ambición. Se define por las fortalezas y convicciones interiores, no por la representación externa de la influencia. Los líderes catalizadores se esfuerzan por mantener un alto nivel de carácter, una rigurosa disciplina y un espíritu humilde. Como dice Andy Stanley: «Tu corazón es el punto de partida del carácter, y es lo que llama la atención de Dios. El carácter es lo que convierte tu talento en influencia, y lo que desata el poder de Dios».[19]

Cuando estos tres elementos confluyen, la influencia casi siempre se expande. La profundidad de tu carácter determina el alcance de tu influencia.

CINCO LÍDERES ÍNTEGROS QUE DEBERÍAS CONOCER

- NANCY SLEETH | BLESSED EARTH

  Cuando su esposo, Matthew, era médico de urgencias, Nancy gozaba de una vida confortable. Entonces Dios llamó al matrimonio a embarcarse en un viaje de fe y medioambiente. Tomando la difícil decisión de abandonar sus lujos y comodidades, ahora trabajan a tiempo completo promoviendo el cuidado de la creación de Dios en iglesias, seminarios y comunidades religiosas de todo el país.

- RYAN MEEKS | EASTLAKE CHURCH

  Muchos pastores pueden parecer calculadores o cautelosos, pero Ryan Meeks va al grano. Nunca te preguntas qué piensa o qué cree, porque es honesto y confiable. El personal de la iglesia Eastlake está hondamente comprometido con una serie de principios esenciales que guían todo lo que hacen, incluyendo apartar a muchos miembros potenciales de la congregación porque no están plenamente comprometidos a vivir y liderar de acuerdo a los principios esenciales de Eastlake. ¡Se trata de vivir tus principios!

- VICKY BEECHING | MÚSICO Y LÍDER DE ALABANZA

  Algunos líderes de alabanza intentan construir un personaje perfecto para el escenario, pero no así Vicky. Su agenda de viajes le provocó un desequilibrio químico y agotamiento, y tuvo la entereza de admitir y solucionar el problema. Su charla acerca de «cómo evitar lo que me pasó a mí» es uno de los ejemplos de liderazgo más ejemplar y práctico que he escuchado nunca.

- RYAN O'NEAL | SLEEPING AT LAST

    En un mundo lleno de falsos músicos con sonidos enlatados, Ryan y su banda, Sleeping at Last, no han claudicado. Aferrándose a sus principios y rechazando seguir la corriente, irónicamente han irrumpido en el mundo convencional. Su música ha aparecido en programas de televisión y películas como *Sin cita previa* y *La saga Crepúsculo: Amanecer.*

- JASON LOCY | FIVESTONE DESIGN

    Algunas firmas de diseño aceptan cualquier proyecto siempre y cuando el cliente esté dispuesto a pagar, pero Jason y su equipo han adoptado un modelo de negocio diferente. Solo trabajan en proyectos en los que creen. Podrían haber ganado más dinero construyendo una empresa enfocada solo en el volumen, pero en cambio dicen que no más veces de las que dicen sí. Sin embargo, si tienes la suerte de obtener un sí de Fivestone, el trabajo de diseño resultante promete ser alucinante.

ESPERANZADO

CONSTRUYE UNA MAÑANA MEJOR

La visión es el arma más poderosa en el arsenal de un líder.
—BILL HYBELS, CATALYST ONE DAY

EN MEDIO DE UN DÍA ATAREADO SONÓ EL TELÉFONO DE MI oficina. Pensé en ignorarlo por completo, las distracciones siempre llegan en el momento más inoportuno, pero después de cuatro o cinco timbres, lo agarré sin dejar de contestar los cientos de correos electrónicos de mi bandeja de entrada.

«¿Sí?», respondí con impaciencia.

Era Ben Rough, un amigo que trabajaba organizando viajes internacionales para Compassion International. Como he mencionado anteriormente, Compassion es un grupo de defensa de los niños que utiliza un programa de patrocinio para rescatar a niños pobres de todo el mundo de la pobreza económica, social, física y espiritual. Desde 1952, Compassion proporciona a los niños comida, refugio, educación, cuidados médicos y discipulado cristiano. Hoy sirven a más de 1,2 millones de niños en más de dos docenas de países.

Compassion y Catalyst son socios desde hace mucho tiempo, pero aun más importante, creo que desempeñan la mejor labor de protección de los niños de todas las organizaciones cristianas que conozco. Así que en aquel día atareado, si había algo por lo que valiera la pena detenerse, era aquella llamada. Le di a Ben toda mi atención mientras me contaba el motivo de su telefonazo.

Como llevaba tanto tiempo conectado con Compassion, sintieron que era el momento de mostrarme su trabajo de cerca. Si yo estaba dispuesto, querían que viajase a Ruanda para ver qué estaban haciendo allí. Faltaban pocos meses para la fecha de salida, pero el personal de Compassion creía que por aquella oportunidad valía la pena preguntar.

La línea telefónica quedó en silencio mientras consideraba su propuesta. Revisé todo el trabajo de mi escritorio y la lista de cosas pendientes. Hacer aquel viaje representaría más trabajo atrasado. Me puse nervioso ante la perspectiva de un viaje a África, un lugar en el que no había estado nunca y que podía resultar peligroso. Pero entonces una pequeña chispa de espontaneidad se encendió en mi interior y acepté antes de poder apagarla.

Durante los siguientes dos meses me concentré mayoritariamente en el trabajo, prestando poca atención al compromiso que había adquirido. Entonces llegó el momento de cumplir mi promesa. *¿Cómo será el trabajo de esta famosa organización? ¿Debo esperar algo parecido a lo que he visto en* *esos publirreportajes matinales*? Una multitud de preguntas se agolparon en mi mente mientras me embarcaba en el avión.

Pasó lo que me pareció una eternidad antes de que nuestro avión finalmente se aproximara a Kigali, la capital. Al descender, me sorprendió la ausencia de luces que suele verse cuando se sobrevuela una ciudad. La oscuridad llenaba el espacio en todas direcciones, dándole a nuestra destinación un aire fantasmagórico y a mí mi primer momento Dorothy: «Toto, ya no estamos en Atlanta».

El equipo de Compassion fue a recoger el equipaje. Mis agotados ojos empezaron a entornarse mientras las bolsas salían como de un dispensador de caramelos Pez. Una vez fuera todas las maletas, la única que faltaba era la mía. *Qué suerte la mía*, pensé. *Vaya forma de comenzar un viaje.*

El trayecto en autobús hacia el hotel solo empeoró las cosas. Piensa en el peor conductor que puedas imaginarte y entonces visualiza a esa persona como el mejor conductor de la autopista. Los coches iban dando bandazos en la oscuridad, haciendo sonar el claxon de forma estridente, tomando las curvas a una velocidad mareante. Jamás me he alegrado tanto de bajar de un vehículo y llegar al hotel.

Pasé la noche inquieto, acongojado por mi equipaje perdido y la incertidumbre del siguiente día. Me levanté temprano y salí a mirar la calle. Por primera vez me di cuenta de que estaba en el otro lado del mundo. El olor del aire y los sonidos de la calle no se parecían en nada a mi tranquila calle residencial. Oía conversaciones por todas partes, pero no entendía ni una sola palabra.

Puesto que la capital de Ruanda tiene una población de casi un millón de personas, esperaba que se pareciese, bueno, a una ciudad. Me sorprendió ver un vasto paisaje de casas con techo de hojalata y edificios de yeso salpicando la ladera de la verde montaña. A diferencia de las ciudades de Estados Unidos, Kigali no está ordenada en forma de cuadrícula. Desde el aire, más bien parece un rompecabezas.

Escabulléndome de nuevo hacia el interior, me di cuenta de que casi era la hora de partir. Me reuní con el equipo y de nuevo embarcamos en el minibús con renuencia. A gran velocidad nos dirigimos al Memorial del Genocidio de Kigali. Nubes de polvo se levantaban de los neumáticos y nos oscurecían la vista a ambos lados. Cuando al fin nos detuvimos, las partículas se asentaron y desfilamos desde el autobús hacia el interior del edificio. El complejo se construyó para honrar al casi millón de ruandeses que fueron asesinados en 1994. Aproximadamente 250.000 están enterrados en los cimientos del monumento. Empecé a darme cuenta de que aquel país estaba tratando de reconstruirse con los ladrillos de la esperanza y el cemento del perdón.

Después nos dirigimos hacia el lugar donde Compassion tenía su proyecto y escuela. El modesto edificio estaba construido con ladrillos y barro. Había una pista de voleibol al lado de un parque infantil y una cancha de básquet que hacía las veces de campo de fútbol. Un montón de niños vestidos de uniforme corrieron a encontrarnos cuando llegamos. El gozo de sus risas llenaba el ambiente. Nos reímos con ellos y jugamos, chutamos pelotas de fútbol y contamos chistes.

Yo esperaba entrar como una tromba y convertirme en el héroe de aquellos chiquillos. Me imaginaba rodeado de chavales que no tenían nada y que la sola novedad de mi presencia les alegraría el día. Pero sucedió lo contrario. Visitamos múltiples proyectos de Compassion, escuchamos al personal de Compassion Ruanda y conectamos con cientos de niños y sus familias, escuchando sus historias. Allí donde íbamos, me elevaban el espíritu, enseñándome acerca del gozo y el contentamiento. Volviendo de la última visita el último día, me di cuenta de que aquellos niños y sus familias habían tenido más impacto en mí que yo en ellos. Aquellos chiquillos que no tenían nada estaban llenos de gozo y esperanza para el futuro.

En el vuelo de regreso, reflexioné acerca de mis experiencias en Ruanda y llegué a una sorprendente conclusión. Compassion no solo proporciona ayuda, sino esperanza. La esperanza es una herramienta poderosa para ayudar a superar la pobreza. La auténtica pobreza es, a menudo, la ausencia de esperanza. Las Escrituras tienen razón: cuando fracasamos a la hora de soñar, de visualizar el potencial del mañana, la gente se desespera. Yo lo vi de cerca. Un destello de esperanza puede cambiar el mundo y trasladar a alguien de la desesperación a una visión inspirada. La esperanza en el futuro es el antídoto más poderoso contra la pobreza.

> Si tus acciones inspiran a otros a soñar más, aprender más, hacer más y ser más, eres un líder.
> —JOHN QUINCY ADAMS, SEXTO PRESIDENTE DE ESTADOS UNIDOS

El recurso más valioso de Compassion no es la educación o la comida, que tienen su importancia, sino la capacidad de esperar y soñar con lograr una vida mejor. Allí donde Compassion trabajaba, donde debía haber desesperación había gozo en el aire. Este es el combustible que mueve su trabajo. Y, como he podido ver, esto es también lo que compele a la próxima generación de líderes cristianos.

ESPERANZA TRASTORNADA

Cuando leo el Nuevo Testamento me sorprenden todos los pasajes que hablan del reino de Dios. Esta es la idea de que el mundo puede ser mejor si la gracia de Dios se desencadena sobre él. Jesús y aquellos que le siguieron más de cerca son pintores representando una imagen de este mundo y llamándonos a participar con Dios en su construcción. Los cristianos que están en armonía con el llamado de Dios en sus vidas están sintonizados con esta idea.

La Escritura está repleta de modelos de liderazgo visionario. Pienso en Moisés, que sirvió como portavoz de Dios para el inicio de la visión israelita. O en Pablo, que creó una gran visión en la esperanza de la eternidad. O quizá en el apóstol Pedro, que guió a un grupo de revolucionarios con valor visionario.

Los líderes catalizadores miran por el parabrisas en vez de quedarse mirando el espejo retrovisor. Se enfocan en el futuro y buscan inspirar a otros para que les ayuden a construirlo. Para ello, deben darle a su equipo una razón para creer que mañana puede ser mejor que hoy. Como dice Cory Booker, alcalde de Newark, Nueva Jersey, los líderes necesitan una «esperanza trastornada». Esa es la razón por la que algunas de las organizaciones y de los líderes más influyentes de hoy mantienen un fuerte sentido de visión, anclado a un mundo mejor.

Con nueve años, Austin Gutwein se enfrentó a la realidad de los niños huérfanos en África. Cinco años después decidió hacer algo al respecto. Inició Hoops of Hope, una organización sin ánimo de lucro que promueve la sensibilización y el levantamiento de fondos. La entidad reta a chavales de todo el mundo a lanzar tiros libres y a recaudar dinero para los niños africanos, concretamente en Zambia.

Un simple acto se transformó en un movimiento con una visión increíble. Austin es un chico asombroso. Él y su padre, Dan, se unieron a nosotros durante tres días en Catalyst en 2009. Su historia me inspiró. Cuando yo tenía catorce años no me interesaba nada de lo que ocurría fuera de mi pequeño mundo. Ciertamente no estaba ideando formas de solucionar problemas en países en vías de desarrollo. ¡Mi mayor preocupación era conseguir el récord en *Pitfall* de Atari! Pero Austin tiene la visión de extender la esperanza a aquellos que tienen poca.

Esther Havens lleva esperanza a miles de personas de todo el mundo otorgándoles dignidad a los más pobres mediante el poder de un retrato. Es una fotógrafa premiada que trabaja por todo el mundo para organizaciones como charity:water. Me encanta lo que dice acerca del poder de una fotografía:

> Una foto es poderosa y puede hacer que el cambio suceda. La foto tiene que ser el catalizador para el cambio. Siempre estoy pensando en cómo esa potente historia en particular detrás de una fotografía puede llevar esperanza y cambio al ser vista y oída.[1]

Derreck Kayongo empezó Global Soap Project porque quería llevar esperanza a sus amigos y familiares en Kenia. Exrefugiado, fue nuestro invitado en el evento de Catalyst Atlanta en 2011, y su increíble visión es luchar contra las enfermedades en África reciclando jabón usado y enviándolo para una higiene básica. Más de dos millones de niños en todo el mundo mueren cada año por problemas de higiene, principalmente porque no se lavan las manos. Produce unas diez mil pastillas de jabón al día reutilizando los ochocientos millones de pastillas de jabón que se desechan anualmente en los hoteles de Estados Unidos. Verdaderamente, ¡los objetos sencillos pueden cambiar el mundo!

Jeff Shinabarger modela la esperanza mediante diversas iniciativas. El lema de su organización, Plywood People, es «Nos conocerán por los problemas que resolvemos». Y no solo por las ideas que tengamos, sino por poner esas ideas en acción, por darles vida. Jeff dice:

> Eso sucede muchas veces solo por hacer algo. Puedes ganar influencia haciendo cosas. Incluso cuando fracasas, te distingue, porque estás dispuesto a dar un paso adelante y perseguir una visión valiente. La búsqueda de la solución de problemas te da influencia. Marcar la diferencia empieza con un solo movimiento.

> Dar un paso adelante lleva a la esperanza y a la visión.
> En lo que respecta a la esperanza, me fijo en personas como Scott Todd, líder de 58: (basado en Isaías 58), que cree que podemos erradicar la extrema pobreza. También miro a Jena Lee Nardella, que lidera Blood:Water Mission, que ayuda a proveer de agua potable a aquellos que lo necesitan. Pienso en Blake Canterbury, que inició BeRemedy para ayudar a solucionar los problemas cotidianos con las personas de su comunidad mediante el poder de los medios sociales. Su eslogan es «Ve la necesidad; sé el remedio», y su organización proporciona ayuda práctica para aquellos que la necesitan.

El visionario debe prender una llama. Aquellos que eligen
seguir su luz deben trabajar para mantenerla encendida.
—SIMON SINEK, ESCRITOR

Los líderes son distribuidores de esperanza, y debemos
ofrecerla siempre sin prejuicios. Si un líder quiere dejar una
marca en su mundo, debe tener una visión convincente
acerca de su trabajo. Debe ser esperanzadora e inspiradora.
Así como todo líder debería tener una declaración vocacional personal, también necesita una declaración de legado
personal. John Maxwell dice que la gente describirá tu vida
en una sola frase; así que, ¿cuál es la máxima que quieres
que la gente use para describirte cuando dejes este mundo?
Si eres joven, asegúrate de escribirla a lápiz para que puedas
borrarla, porque la perfeccionarás en numerosas ocasiones a
lo largo de tu vida.

Hace unos meses pasé un tiempo con el personal de
Holy Trinity Brompton (HTB), una iglesia en el corazón de
Londres. Mientras estaba allí, me sorprendió la esperanza
que impregna su cultura. Recientemente se habían reunido
más de cuatro mil líderes en el Royal Albert Hall para pro-
clamar el nombre de Jesús en las Conferencias de Liderazgo
de HTB. Esto es una multitud descomunal si tenemos en
cuenta el estado de la religión en el Reino Unido. El espíritu
que les guía tiene su origen, en parte, en su líder y pastor,
Nicky Gumbel. Aunque es una persona con una tremenda
influencia y poder, utiliza su bicicleta para ir y venir de los
sitios. No se rodea de un séquito. Es increíblemente humilde,
auténtico e inspirador. Y comparte su visión para la ciudad de

Londres y el mundo con su iglesia y su personal cada vez que tiene la oportunidad.

Una vida de buen liderazgo: Bill Hybels

Bill Hybels es un pastor de pastores. Conocido por sus impecables habilidades de comunicación y su legendario liderazgo, ha convertido Willow Creek Community Church en una de las congregaciones más influyentes de Estados Unidos. Aproximadamente veinticuatro mil personas asisten a los servicios del fin de semana en su iglesia en Chicago, y más de nueve mil congregaciones en cuarenta y cinco países participan en la Willow Creek Association. Tal vez lo más interesante sea la Cumbre Global de Liderazgo, un encuentro anual de personas influyentes del cual Bill es el anfitrión. Cerca de cien mil líderes se unen a este evento en más de un centenar de sitios de acogida.

¿Qué impulsa a alguien como Bill Hybels hacia adelante? ¿Qué alimenta su llama? En una palabra, la *visión*. Con los años he aprendido mucho de Bill, principalmente de sus sermones y discursos sobre liderazgo e influencia. Puede que sea el mejor creador de visión que jamás he conocido. En veinte minutos, Bill puede pintarte un cuadro con un futuro mejor y despertar la esperanza en los corazones de los oyentes de que ese futuro es posible. Siempre que estoy a su alrededor salgo animado y entusiasmado por lo que nuestra generación puede hacer para impactar la cultura. Él te diría que la visión, la habilidad de impartir esperanza a tu equipo, es el papel más importante de un líder.

Bill Hybels entiende este principio esencial del liderazgo como nadie que haya conocido. Inspira a los demás a crear una imagen del futuro que produzca pasión en las personas. Hybels dijo una vez algo acerca de la visión que me cambió para siempre:

> Los líderes llevan a la gente de aquí para allá. Un líder auténtico debe tener un deseo insensato de dejar el «aquí» porque debemos ir «allá». Los líderes deben poseer el deseo de ir desde donde están ahora a donde tienen que estar. Ese es el mensaje central del liderazgo. Si un líder carece de esta habilidad para llevar a la gente de aquí para allá, debería entregar su placa. La gente no va a seguirlos.[2]

Tristemente, nuestro estudio mostró que menos de una cuarta parte de los cristianos de hoy sienten que «su lugar de trabajo tiene una visión clara fácilmente entendible por todos los empleados». Necesitamos más líderes como Nicky Gumbel y Bill Hybels, quienes de forma intencional, clara y regular comparten una visión con sus equipos. Necesitamos más líderes y menos administradores.

Los administradores trabajan en las cosas que tienen justo delante. Manejan la bandeja de entrada del correo electrónico, responden a las crisis de personal, firman cheques, pagan facturas y después se van a casa a descansar por la noche antes de tener que volver a hacerlo todo de nuevo. Suma y sigue. Pero los líderes ponen la atención en el próximo día, el próximo objetivo, el próximo proyecto. Mientras que los administradores se ocupan del césped, los líderes miran por encima de la colina. Sí, reaccionan a lo que tienen delante aquí y ahora, pero también sueñan con el mañana. Invierten energía para inventar el futuro. A diferencia de un administrador, un líder vive en la tensión del ahora y de lo siguiente.

Salomón conocía la importancia de este principio esencial para un liderazgo efectivo. El anciano rey dijo una vez que la gente perece allí donde no hay visión (Proverbios 29.18). Se agotarán, abandonarán y darán marcha atrás. Pero lo contrario también es cierto. Allí donde la visión está presente y se comunica, las organizaciones florecerán a la vida.

JÓVENES CON ESPERANZA

En Catalyst hemos tratado de mostrar este principio interna y externamente. Hace varios años me di cuenta de que una de las mejores formas para permanecer esperanzado y centrado en la visión como organización era llenar nuestro equipo con jóvenes visionarios. Aunque la mayoría de los cristianos (un 67%) creen que el trabajo que hacen ayuda a crear un mundo mejor, nuestro estudio reveló que es más probable que sean los jóvenes cristianos quienes estén *muy de acuerdo* con esta afirmación.

Si tu organización se hincha con profesionales experimentados e instruidos, todo el mundo se convierte en un experto. Eres menos propenso a asumir riesgos o probar nuevas cosas para la organización. También es probable que te vuelvas más cínico porque has embutido en tu equipo a individuos que han experimentado la cruda realidad del mundo. Nada destruirá este principio esencial tan rápido como el cinismo, el sentido de derecho y la actitud de sabelotodo. Así que cada vez que haya una vacante en tu equipo, busca jóvenes con esperanza: personas que no hayan sido marcadas por las aplastantes desilusiones de la vida. Busca a individuos que sigan creyendo que lo imposible es posible.

Veinte claves para liderar a los veinteañeros

Reunimos a miles de jóvenes líderes en un evento anual, y la mayoría de los miembros del personal de Catalyst son menores de treinta años. Así que aquí van veinte formas que hemos aprendido para liderar mejor a la próxima generación:

1. *Dales libertad de horario.* Lo admito, darles libertad de horario a los líderes jóvenes me resulta duro. Pero crea compromiso y lealtad.

2. *Proporciónales proyectos, no una carrera.* Las carreras ya no son lo mismo. Los líderes jóvenes desean opciones, ser agentes libres.

3. *Crea un ambiente familiar.* Para las generaciones más jóvenes, la vida laboral, familiar y social están entrelazadas, así que asegúrate de que el ambiente de trabajo sea familiar y experimental. Todo está conectado.

4. *La causa es importante.* Que la compasión y la justicia sean lo «normal». Causas y oportunidades de devolver son importantes.

5. *Adopta los medios sociales.* Los medios sociales han venido para quedarse, y los líderes jóvenes saben cómo usarlos.

6. *Acepta que son expertos en tecnología.* Para esta generación la tecnología es la norma. Han crecido usando Xbox, iPhones, portátiles y iPads. Si quieres una respuesta, primero envía un SMS y después llama. O manda un mensaje directo en Twitter o un mensaje privado en Facebook.

7. *Lidera a cada persona de forma única.* No crees estándares o reglas iguales para todo el mundo. Personaliza tu estrategia para cada líder joven. (Lo admito, ¡este es difícil!)

8. *Haz que la autenticidad y la honestidad sean el estándar de tu cultura corporativa.* Los veinteañeros suelen ser cínicos y no se fían de alguien solo porque esté en el cargo.

9. *Entiende que no están interesados en subir la escalera corporativa.* Los líderes jóvenes de hoy están más preocupados por marcar la diferencia y dejar su huella.

10. *Dales pronto oportunidades con mayor responsabilidad.* No quieren esperar a que llegue su turno. Quieren marcar la diferencia ahora y encontrarán una salida para la influencia y la responsabilidad en algún otro sitio si tú no se la proporcionas. Autorízalos pronto y a menudo.

11. *Acepta que quieren la victoria más grande, no la pequeña ganancia personal.* En general, los líderes jóvenes tienen una mentalidad de abundancia en vez de una mentalidad de escasez.

12. *Satisface su deseo de asociación y colaboración.* A los veinteañeros no les interesa poner límites. La colaboración es la nueva moneda, junto con la generosidad.

13. *Date cuenta de que no van a trabajar para una personalidad.* Esta generación no está interesada en trabajar durante largas horas para construir un reino temporal para una persona. Pero se dejarán la piel por una causa y una visión mayores que ellos mismos.

14. *Proporciona oportunidades para la tutoría, el aprendizaje y el discipulado.* Muchos líderes mayores creen que los veinteañeros no están interesados en la transferencia de la sabiduría generacional. Esto no es cierto. Los líderes jóvenes desean vehementemente tutoría y discipulado, así que practícalo en tu entorno organizativo.

15. *Instrúyelos y anímalos.* Los líderes jóvenes quieren ganar sabiduría a través de la experiencia. Camina junto a ellos; no te limites a decirles qué tienen que hacer.

16. *Crea oportunidades para el tiempo de calidad, individual y corporativamente.* Los veinteañeros quieren ser guiados por el ejemplo, no solo por las palabras.

17. *Hazlos responsables.* Esta generación quiere ser responsable junto a aquellos que están viviendo una vida auténtica. Evalúalos y ofréceles una crítica constructiva constante.

18. *Comprende que el cielo es el límite en sus mentes.* Los líderes mayores necesitan entender que los líderes jóvenes tienen una perspectiva más amplia y global, lo que hace que sorprenderles sea mucho más difícil.

19. *Reconoce sus valores, no solo sus fortalezas.* No se trata solo de sus habilidades. No los uses sin conocerlos realmente.

20. *Proporciona un sistema que cree estabilidad.* Dales a los líderes jóvenes expectativas claras con la libertad para tener éxito, y proporciónales estabilidad en el ámbito emocional, financiero y organizacional.

Los líderes veteranos y experimentados también tienen un papel importante en cualquier equipo. Ayudan a enraizar la visión y a aquellos designados para llevarla a cabo. Hay una diferencia entre tener esperanza y ser ingenuo. Tú no quieres un líder que viva en las nubes, donde todo es de color de rosa y siempre eres positivo a pesar de la realidad. Parte del liderazgo es pintar la realidad tal como es y enfrentarse a su brutalidad frontalmente. Buscar la armonía entre los miembros del equipo más jóvenes y optimistas y aquellos más veteranos y realistas te permitirá llegar a un equilibrio crucial donde la esperanza pueda prosperar.

Imaginarse las cosas distintas de como son es la esencia de la esperanza. También es la cualidad de la revolución.

—LEONARD SWEET, ESCRITOR

Cuando Dietrich Bonhoeffer estaba encerrado en una prisión nazi, le escribió una carta a su amigo Eberhard Bethge explicándole su estado emocional. Bonhoeffer le contó que no era ni pesimista (esperando que las cosas empeoraran) ni optimista (esperando que las cosas mejoraran). En cambio, dijo que estaba viviendo por la esperanza. Se dio cuenta de la realidad de la situación a la que se enfrentaba y aquello le protegió de un optimismo ciego. Pero también reconoció que un Dios soberano que operaba milagros vivía dentro de él, y aquello le mantuvo alejado del pesimismo incapacitante. Viviendo en aquella tensión, creció su esperanza. Y eso es también lo que debemos hacer como líderes.

Liderar en este equilibrio también te ayudará a escalar tu visión de forma adecuada. Los líderes, en especial los idealistas y soñadores, tienden a crear visiones agresivas, pero estas visiones también deben ser *realizables*. Puede que una visión realista solo sea para una ciudad, un vecindario o una red de nicho. Así que animo a los líderes a establecer metas rigurosas y a permitir la flexibilidad a medida que las ponen a prueba. Escala tu visión de forma adecuada. Los equipos necesitan desafíos, pero también necesitan creer que pueden conquistar la montaña que les has pedido que suban.

No todas las ideas van a ser a escala mundial. Tú quieres una visión que haga que te esfuerces, pero no una que no puedas lograr de forma realista. Esfuérzate por ser un visionario esperanzado, no un soñador irrealista. No inviertas en un pensamiento hiperbólico que te lleve al sensacionalismo y que infle tanto tus objetivos que la gente no te tome en serio. Todos hemos visto esto con líderes que no estaban dispuestos a enfrentarse a la realidad. Un visionario auténtico funciona en base a la esperanza y no la exageración. Un líder catalizador sabe que la hipérbole produce habladurías, pero la esperanza inspira la acción.

He observado que los líderes más esperanzados y centrados en su visión son:

- *Optimistas sobre el futuro.* Aun cuando las ventas van mal o están bajos de moral o hay que recortar el presupuesto, los líderes con esperanza creen que el mañana traerá grandes oportunidades para el éxito personal u organizativo. Son innovadores, inspiradores, entusiastas y positivos, y su visión es mucho mayor que lo que tienen delante.
- *Se centran en lo mejor de su gente, no en lo peor.* Los líderes esperanzados alientan. En vez de intimidar a su equipo con los fracasos del ayer, se centran en las fortalezas singulares de cada empleado.
- *Nunca satisfechos, pero siempre contentos.* Los líderes esperanzados siempre se dirigen hacia un objetivo, pero no dejan que eso les robe el gozo. Parecen felices donde están, pero se niegan a quedarse allí.
- *Están ocupados en hacer que mañana sea mejor que hoy.* Los líderes esperanzados nunca se asientan. Saben

que hay montañas por escalar y una visión que realizar, y ven cada día como una oportunidad para mejorar y crecer. Dale a tu equipo una razón para creer que el mañana está repleto de maravillas a la espera de hacerse realidad.

- *Aceptan el cambio.* Los líderes esperanzados abrazan el cambio en sus vidas y organizaciones porque saben que a menudo este es el camino más rápido para crecer y mejorar. Tienen una actitud de «¡adelante!» y reciben el cambio con los brazos abiertos. Son innovadores y prueban cosas nuevas aun a riesgo de fracasar.
- *Inclusivos, no excluyentes.* Los líderes esperanzados invitan a otros a entrar en su visión. Tienen la confianza de saber a dónde van, y son capaces de involucrar a otros para que se comprometan. La gente no estará dispuesta a seguirte hasta que vean cómo encajan en el futuro que tú imaginas.
- *Comprometidos personalmente.* Los líderes con esperanza tienen una visión que les impulsa de forma personal. Les provoca y les hace ir hacia adelante. No esperan que alguien les dé una visión y no necesitan esbozarla a lápiz y papel; ya está en su interior.

La lista anterior describe el tipo de líder que buscamos contratar, desarrollar y mantener en Catalyst. Pero también describe el tipo de líder que queremos cultivar en nuestra comunidad. Así que tratamos de permanecer positivos en nuestros eventos, no quejándonos por lo que está mal en el mundo, sino resaltando lo que está bien. Si la gente se va de un evento de Catalyst enfadada o frustrada con la cultura o la vida, hemos fracasado. Queremos que nuestros asistentes se vayan vigorizados, emocionados y soñando sobre lo buena que puede resultar la cultura con trabajo duro y la ayuda de Dios.

De hecho, incluso requerimos este principio esencial en la inmensa «familia» de voluntarios que ayudan a hacer que los eventos de Catalyst estén entre los mejores del mundo: el personal a medio tiempo y voluntarios que ayudan a crear nuestras experiencias y que verdaderamente nos hacen ser quien somos. Me encanta cuando tienen el mismo entusiasmo, energía y esperanza en nuestra visión como nuestro personal asalariado. Me encanta oír decir a los voluntarios «nuestro evento» en vez de «su evento». Cuando tu visión organizativa consigue absorber a aquellos que no cobran, eso es una buena señal. Tú quieres que la gente que no forma parte del equipo empiece a comprometerse. Quieres que todo el que esté involucrado use palabras como *nosotros* en vez de *ustedes*. Busca a esta gente. Los líderes con esperanza crean culturas con esperanza, que a su vez crean organizaciones con esperanza, que constantemente lanzan visiones parecidas. Los miembros del equipo que asumen, encarnan y viven la misión y la visión de su líder, y en última instancia la de su organización, se comportan de forma más poderosa y valiente de lo que el líder ha podido jamás.

Una de las formas de saber si somos líderes catalizadores es si estamos ayudando a otros a florecer. Los líderes ayudan a los demás a prosperar, no los retienen.

Diez asesinos de la moral que debes evitar en tu equipo
http://catalystleader.com/moralekillers

ENTORNOS DE ESPERANZA

Los líderes catalizadores quieren crear entornos que fomenten la esperanza, porque la esperanza sobrevivirá a todos los demás atributos que podamos cultivar. Después de todo, la esperanza es una de las tres fuerzas de este mundo (fe, esperanza y amor) que permanecerá cuando no tengamos nada más (1 Corintios 13.13). Debido a su permanencia, la esperanza puede marcar la diferencia y cambiar el mundo. Los asistentes a Catalyst saben que este es uno de nuestros objetivos aunque no lo hayan escuchado de forma clara.

Hace muchos años, un conferenciante en uno de nuestros eventos de Catalyst decidió usar su tiempo para despotricar contra el cristianismo moderno. Mucho de lo que dijo era verdad, pero no les sentó bien a nuestros participantes. ¿Por qué? Porque no se esperaban un espíritu de crítica en nuestro evento. Venían para recibir inspiración, formación y ánimo. Nuestro orador entabló una conversación que debía tener lugar, pero nuestro evento no era el sitio adecuado. Nos sentimos llamados a crear un espacio donde la esperanza florezca, no el cinismo, el escepticismo ni el negativismo.[3]

Una de las formas en que llevamos a cabo esta visión es dar a conocer los mejores movimientos que tienen lugar entre cristianos y ofrecerles a nuestros participantes la oportunidad de unirse a ellos. Por ejemplo, durante los últimos años hemos impulsado la adopción. Más de 143 millones de huérfanos viven hoy en nuestro planeta. Hace un par de años Catalyst decidió asociarse con organizaciones que abordan la crisis de los huérfanos, —410 Bridge, Compassion, Bethany Christian Services, Adoption Journey y Never

Ending Hope—, para promover la visión esperanzadora de que la iglesia podía erradicar la crisis de la orfandad. Lanzamos la página www.143million.org para correr la voz, y mostramos distintos modos en que nuestra comunidad podía involucrarse. Como resultado, hemos visto un progreso increíble en las redes conectadas a Catalyst, y nuestro equipo sabe de al menos 150 personas de nuestro círculo y comunidad que han empezado el proceso de adopción como consecuencia de este esfuerzo.

COMPARTE EN 🐦 📘
Los líderes con esperanza crean culturas con esperanza, que a su vez crean organizaciones con esperanza. #LíderCatalizador

Estas son las clases de iniciativas a las que queremos que Catalyst se conecte. Proyectos inspiradores. Soluciones innovadoras. Ideas progresistas sobre cómo el mundo puede acercarse a la visión del reino de Jesús. Creemos que los dos mil millones de cristianos del mundo han sido llamados a cuidar de los huérfanos y las viudas (Santiago 1.27). En el nexo de estas dos figuras está la oportunidad de cambiar y la razón de la esperanza.

Queremos mejorar en este aspecto para marcar la diferencia y, en el proceso, inspirar esperanza y la sensación de que podemos lograr algo mayor que nosotros mismos. Queremos motivar a una generación a seguir siendo positivos y a cambiar la vida de los niños y sus familias.

Si tu visión no impulsa, mueve o emociona a la gente, es que es demasiado pequeña.
—CRAIG GROESCHEL, PASTOR DE LIFECHURCH.TV

Adoro la historia de Riley Goodfellow, una niña de nueve años que destacamos en un evento hace unos años. Ella estuvo comiendo arroz y judías durante un mes para entender lo que los niños de los países en desarrollo experimentaban, y recaudó diez mil dólares para charity:water durante el proceso. Ella no tenía presupuesto institucional. No tenía un equipo entregado. No tenía nada. Lo logró todo con una simple visión sobre cómo podía ella impactar al mundo.

Este es el tipo de espíritu que queremos propagar mediante Catalyst. Queremos cultivar líderes que creen posibilidades en vez de excusas. Personas influyentes que estén dispuestas a salir de su zona de comodidad. Agentes de cambio que sueñen con realizar proyectos tan grandes que aun sus amigos más íntimos piensen que están locos. Un líder catalizador sabe que Dios puede lograr lo que a nosotros nos parece imposible.

DA UN PASO AL FRENTE

Yo no siempre soy el líder optimista y visionario que debería ser. Puedo concentrarme tanto en las tareas de hoy que pierdo de vista la visión del mañana. Puedo perderme en la logística de un evento, atascado en mi lista de cosas por hacer, y fracasar a la hora de proporcionarle energía a mi equipo dibujándoles cómo es el éxito. En estos momentos me siento arrastrado por la energía, la visión y el entusiasmo de los miembros de mi equipo y de los voluntarios clave. Como líderes, es nuestra responsabilidad dar un paso al frente, compartir la visión y liderar con coraje aun cuando las presiones inmediatas nos ahoguen.

Doce formas de salir de tu zona de comodidad
http://catalystleader.com/comfortzone

Sal de tu zona de comodidad. Sueña con realizar un proyecto tan fuera de tus capacidades que te mantenga en vela toda la noche. Dios nos llama a pensar en grande. Así pues, ¿qué hay en tu corazón o en tu interior que sigues aplazando porque no parece posible? Persíguelo. Dios puede lograr lo que a nosotros nos parece imposible.

Date cuenta de que la gente no estará dispuesta a seguirte hasta que no vean dónde encajan en el futuro que tú imaginas. Cuando eres optimista, entusiasta y enérgico, también lo serán tu equipo y aquellos a los que sirves. Es por eso que creo que la esperanza es un principio esencial para el líder catalizador. Cuando le das a la gente una razón para creer que el mañana puede ser mejor que el ayer, se inspirarán para sacer el máximo partido de este día.

Me siento esperanzado y optimista porque en los próximos veinte años podamos marcar la diferencia y cambiar a una generación entera. Una nueva generación de líderes está preparada para tomar las riendas. Todos debemos tener visión y pasión, y ser líderes a quienes los demás quieran seguir. Tenemos que mantenernos constantes e incansables en pos de lo que *debería* ser, una esperanza anticipada de lo que será, dibujando un cuadro de lo que viene después. Los líderes a quienes los demás quieren seguir tienen una

COMPARTE EN 🐦 f
Sueña con realizar un proyecto tan fuera de tus capacidades que te mantenga en vela toda la noche. Dios nos llama a pensar en grande.
#LíderCatalizador

visión inspiradora y poderosa. Como descubrí en África con Compassion International, no hay nada como crear una imagen de esperanza en el futuro para producir una tremenda pasión en las personas.

CINCO LÍDERES ESPERANZADOS QUE DEBERÍAS CONOCER

- **TYLER WIGG-STEVENSON | TWO FUTURES PROJECT**

  Nueve países en el mundo poseen más de diez mil armas nucleares, cada una capaz de matar vasta e indiscriminadamente. La supresión de estas armas es una tarea de enormes proporciones, pero Tyler cree que es posible y necesario. Puso en marcha el proyecto Two Futures para enfrentarse a este asunto movilizando y educando a los cristianos, y desde entonces se ha convertido en un solicitado orador sobre el tema.

- **JENA LEE NARDELLA | BLOOD:WATER MISSION**

  Enfrentarse a la crisis del SIDA o a la crisis mundial del agua es una empresa titánica, pero tratar de abordar las dos requiere tener agallas. Sin embargo, Jena y su equipo, impulsados por su esperanza en un futuro mejor, han hecho eso exactamente. Tras descubrir un vínculo vital entre los dos problemas, están trabajando duro para eliminarlos a ambos.

- **BECKY STRAW | THE ADVENTURE PROJECT**

  Como cofundadora y aventurera jefe de Adventure Project, Becky está decidida a dar esperanza a los emprendedores e innovadores sociales prestando su apoyo a empresas y proyectos sociales en todo el mundo. Ella cree en el poder de ofrecer trabajos que generen dignidad y valor en los demás y que, en última instancia, transformen comunidades. ¡Su entusiasmo es inspirador y contagioso!

- TIM OMARA | BELTLINE BIKE SHOP

Enclavado en un barrio pobre del sur de Atlanta, el negocio de Tim no es una tienda de reparación de bicicletas normal y corriente. Él se dio cuenta de que la movilidad podía dar alas o ser un lastre para el futuro de un niño, así que se dispuso a capacitar a los niños de su vecindario mediante el don del transporte. Con esperanza para las futuras generaciones del sur de Atlanta, Tim repara bicicletas las veinticuatro horas del día por muy poco dinero o de forma gratuita.

- JUSTIN DILLON | SLAVERY FOOTPRINT

Con una estimación de más de veinte millones de personas viviendo en la esclavitud, algunos podrían decir que trabajar para eliminar el problema es demasiado ambicioso. Pero no Justin. A través del innovador proyecto Slavery Footprint, creó una fórmula para calcular cómo tu estilo de vida actual favorece la esclavitud. Miles de personas están ahora reduciendo su huella de esclavitud, haciendo uso del mercado libre para liberar a esclavos en todo el mundo.

COLABORADOR

ATRAE EL PODER DE TUS SOCIOS

Cuando lideres, asegúrate de no rechazar la colaboración de los demás. Pon en acción su liderazgo.

—NANCY ORTBERG, CATALYST OESTE

TODOS LOS LÍDERES FUERTES QUE HE CONOCIDO COMPARTEN al menos un deseo: crecer. Quieren mejorar y extender su alcance e influencia. Nunca he conocido a un líder eficaz de una organización que dijera: «Creo que tenemos todo el éxito que necesitamos. He decidido que a partir de ahora deberíamos tomarnos un descanso». Pero el progreso tiene un precio. Cuando tu organización alcanza un cierto tamaño o nivel de éxito, empezarás a experimentar un amplio espectro de problemas con los que nunca antes te habías topado.

Para una organización tan exitosa y grande como Catalyst, una de las grandes tentaciones a las que nos enfrentamos es hacerlo todo sobre nosotros. Luchamos contra el deseo de dedicarnos a la autopromoción y la vanagloria, sabiendo en todo momento que sin importar cuán bien ejecutemos un proyecto, es Dios el que merece todo el crédito.

Muchas organizaciones funcionan así. Son como una estatua que se alza en una circunvalación en medio de una ciudad. Se ha construido para que todo el mundo la vea, la admire, la homenajee. Pero nuestro equipo se propuso desde el principio no convertirse nunca en una estatua. En cambio, queremos ser como el sistema de carreteras que rodea esa estatua. Queremos conectar a las personas, moverlas, llevarlas a donde necesiten ir y mostrarles lugares y personas que jamás habrían conocido de otro modo.

No hace mucho tiempo nuestro equipo se preocupó por la crisis mundial del agua potable. Más de 1.200 millones de personas en todo el mundo carecen de acceso a agua potable, lo que da como resultado millones de muertes al año. Decidimos abordar este asunto de forma colaborativa conectando a la comunidad de Catalyst con el problema mediante la asociación con Living Water International. Nuestro esfuerzo conjunto recaudó cerca de tres millones de dólares.

Esta forma de colaboración se ha convertido en nuestro modelo. Cuando Joplin, Missouri, fue devastado por los tornados, trabajamos con Venture Expeditions para recaudar cien mil dólares para los damnificados mediante una ruta en bicicleta entre Joplin y Atlanta. El destino final era el estadio donde tenía lugar nuestro evento.

Nos asociamos con Hope International durante un año para promover las microfinanzas dándoles a los trece mil asistentes de nuestro evento en Atlanta diez dólares y retándoles a multiplicarlos. Y la cosa no termina con Hope. Actualmente estamos asociados con más de un centenar de organizaciones y tenemos más de setenta y cinco denominaciones conectadas a Catalyst. Organizaciones como Compassion International, charity:water, First Response Team of America, One Day's Wages, International Justice Mission, Hoops of Hope, A21 Campaign y muchas otras han sido reseñadas en nuestros eventos. En Catalyst queremos ser una gran carpa que agregue y unifique a líderes de todos los contextos y ampliar el círculo de forma continuada. Un incontable número de vidas han sido cambiadas por estos esfuerzos de colaboración.

La colaboración es esencial para que los líderes avancen. Es parte del marco para ofrecer justicia y valor en la economía actual. La colaboración es la norma, no la excepción. Un líder catalizador quiere trabajar con todo tipo de líderes y organizaciones sin preocuparse de quién se lleva el mérito.

Nuestro equipo de Catalyst no quiere construir muros; queremos construir puentes. Y nos motiva la convicción de que una plataforma puede ser atesorada de forma egoísta o compartida con los demás. Queremos que la plataforma de Catalyst sea el mecanismo que eleve a los demás. En vez de promover nuestra organización, queremos levantar a personas, causas y organizaciones que creemos que valen la pena. Como consecuencia, nos hemos convertido en una plataforma de lanzamiento para un mosaico de voces que abarcan denominaciones, perspectivas teológicas, razas e incluso generaciones.

COMPROMISO CON LA COLABORACIÓN

En Catalyst hemos tratado de ser un ejemplo de cómo trabajar con gente con la que no estás de acuerdo por el bien común de todos. Esto es diferente a muchos sistemas, comunidades e incluso organizaciones basadas en eventos que existen hoy en día, que intentan solo afiliarse con aquellos que piensan y creen como ellos. Si hay otra organización con distintas creencias que las nuestras, pero con una visión y objetivos comunes, consideramos asociarnos con ella. Nuestra visión es ser inclusivos, no excluyentes. Creemos que todo el mundo puede contribuir siempre y cuando encontremos un fundamento común. Nuestro deseo es que se nos conozca por lo que defendemos, no por aquello que estamos en contra. Ahí es donde empieza la unidad. En el caso de la iglesia, Jesús es el denominador común. Muchas organizaciones y líderes pueden congregarse, unificarse y trabajar juntos en torno a Jesús.

La cultura del asociacionismo que hemos creado nos ha enseñado al menos tres efectos positivos de la colaboración:

- *La colaboración crea innovación.* Cuando te rodeas de perspectivas diferentes, tu equipo conocerá ideas y sistemas que no podrían encontrar de otro modo. A menudo esto dará lugar a nuevas ideas y mejores soluciones dentro de tu propia organización.
- *La colaboración reduce los riesgos innecesarios.* En una asociación, el éxito y el mérito se comparten. Pero también el riesgo. Hay una inversión conjunta de tiempo, recursos y capacidad intelectual que reduce el riesgo. Si un proyecto de colaboración no surte el efecto desea-

do, cada socio asume solo una porción de las pérdidas, sean financieras o de cualquier otra clase.

- *La colaboración amplifica el éxito.* La colaboración se rige por una sencilla norma: a más aportaciones, más resultados. Cuando reúnes a más innovadores y líderes, recoges más ideas y tienes más manos para llevarlas a cabo. Cuando juntas más recursos, tendrás un potencial más grande para impulsar el proyecto. En consecuencia, la asociación a menudo amplifica el éxito más allá de lo que un solo equipo podría lograr, dando como resultado una apuesta ganadora.

Nuestro compromiso con la colaboración incluso ha llevado a nuestro equipo a asociarse con organizaciones rivales. Hemos promovido y respaldado múltiples conferencias en nuestros eventos de Catalyst porque creemos en el trabajo que están haciendo y sabemos que será beneficioso para los líderes en todos los aspectos. Por supuesto, puede que el próximo año algunas personas asistan a sus conferencias en vez de a las nuestras. Nuestro equipo reconoce el riesgo, pero nuestro compromiso con una cultura colaborativa supera cualquier preocupación. También nos permite recoger la energía que habríamos gastado en proteger nuestro territorio y reinvertirla en hacer aun mejores nuestros eventos. El poder de movernos en la misma dirección es mayor que los inconvenientes de proteger nuestro territorio y acaparar a nuestra comunidad.

COMPARTE EN 🐦 f
Cuando reúnes a más innovadores y líderes, recoges más ideas y tienes más manos para llevarlas a cabo. #LíderCatalizador

Nos inspiramos para tomarnos la colaboración más en serio en 2008 cuando nos asociamos con el escritor Seth Godin para el lanzamiento de su libro *Tribus: Necesitamos que TÚ nos lideres*. Él había estado estudiando el tema de la colaboración durante dos décadas, así que el libro intrigó a nuestro equipo. En un esfuerzo por personificar el mensaje del libro, regalamos trece mil copias un mes antes de su publicación a todos los que asistieron a nuestro evento de Atlanta. El esfuerzo de colaboración supuso un triunfo para Seth y también para la comunidad de Catalyst.

No tienes que apagar la vela de otro para que la tuya brille más.

Un líder catalizador trabaja junto a todo tipo de líderes y organizaciones, y al final no le importa quién se lleva el mérito. Algunas personas preferirían lanzar piedras y granadas antes que un salvavidas. Pero las reglas del compromiso han cambiado en la cultura actual. Los líderes catalizadores desean establecer un ejemplo distinto. Se acabaron los llaneros solitarios.

Mucha gente ve el liderazgo organizacional como una carrera. Algunas personas influyentes tratan de hacerles la zancadilla a aquellos que empiezan a adelantarlos, alimentados por el temor de que el avance de otro pueda suponer su desaparición. En Catalyst animamos a los demás mientras corren a nuestro lado, reconociendo que aquellos a los que a menudo vemos como competidores son, en realidad, compañeros de equipo. Puede que esos líderes y organizaciones nos adelanten, y eso está bien. Su éxito nos hace mejores a todos.

El exitoso escritor Don Miller experimentó la colaboración de cerca recientemente, cuando el largometraje *Blue Like Jazz* [Tal como el jazz], basado en la obra de Miller, se salvó gracias una campaña en línea de Kickstarter que recaudó cientos de miles de dólares para mantener la película y finalmente exhibirla en cines de todo el país. Don y nuestro amigo común, Bob Goff, hablaron en Catalyst Oeste acerca del concepto «con»: una estrategia de larga duración para trabajar en cosas con la gente que te gusta. La comunidad es oxígeno para nuestras almas. Todos queremos formar parte, estar «con» algo mayor que nosotros.

Si deseas fomentar tu nivel de liderazgo, una de las mejores cosas que puedes hacer es construir puentes con dos tipos de organizaciones. La primera debería ser una entidad que vaya en la misma línea de trabajo, pero que no sea un competidor directo. La segunda debería ser una entidad con la que tuvieras profundas diferencias filosóficas. Organiza una reunión de colaboración entre su equipo y el tuyo. Comparte las buenas prácticas y la tormenta de ideas acerca de los proyectos en que sus respectivos equipos estén trabajando. Al concluir las reuniones, estoy seguro de que tu equipo te dará las gracias, y todos estarán convencidos de que el tiempo ha sido bien empleado.

> Lo mejor después de ser sabio es vivir rodeado de sabios.
> —C. S. LEWIS, AUTOR

Los cristianos no siempre hemos sido buenos en esto. Tenemos tendencia a apiñarnos en un reducido grupo de individuos con ideas afines. Pero creo que esto puede ser una práctica dañina para los líderes. Cuando el equipo de un líder catalizador se asocia con una organización con la cual no interaccionaría de otro modo, el líder construye relaciones con aquellos que sustentan perspectivas diferentes. Estas se convierten en relaciones donde el hierro aguza el hierro que desafían y casi siempre fortalecen a los líderes. Por ejemplo, nos hemos asociado con la Oficina de Iniciativas Religiosas y Comunitarias de la Casa Blanca para la adopción, la acogida y el tema de la ausencia paterna, a pesar de que muchos miembros de nuestro equipo difieran con la política de la administración pública. La mayoría te dirá que este acuerdo de colaboración les ha hecho crecer y esforzarse.

Una palabra de advertencia: la colaboración requiere claridad. Asegúrate de que se expliquen y acuerden las expectativas desde el principio. Como un buen colaborador me recuerda a menudo: «Los buenos contratos hacen buenas asociaciones». Define los límites, las responsabilidades y el éxito. Puede que te encante la idea de sellar el acuerdo con un apretón de manos, pero la mano que saluda también puede abofetear. Es más fácil perfilar las expectativas de colaboración al inicio que en medio de un desacuerdo. Así pues, colabora libremente, pero con cautela.

DA A LO GRANDE

La colaboración se basa en la generosidad, que es una nueva moneda en nuestra cultura. La generosidad gana. Seguimos avanzando hacia el código abierto, la generosidad, la influencia compartida, las redes relacionales, las plataformas compartidas, las asociaciones de contenido y los proyectos colaborativos. Las plataformas más influyentes hoy en día giran en torno a compartir y a la generosidad.

La comunidad de Catalyst aprendió esto de Jack Dorsey, el fundador de Twitter, que se unió a Catalyst Oeste para una entrevista en profundidad. Él confirmó que el poder de Twitter es la generosidad, el compartir y aportar valor a los demás. Según Dorsey, muchos de los aspectos revolucionarios de Twitter los inventaron líderes externos a la compañía de entre la extensa comunidad de usuarios de Twitter, cosas como el símbolo @, el *hashtag*, el *retuit*, el *trending topic*, el motor de búsqueda e incluso la misma palabra *tuit*.

Dorsey cree en el poder de un equipo y de una comunidad trabajando juntos para llevar a cabo algo importante. Según Dorsey: «La tecnología es una herramienta. Y solo es grande cuando nos hace más humanos. Ser humanos significa hacer cosas buenas. [Twitter] debería fomentar la accesibilidad y un mundo mejor, y ayudar a hacer el bien. La aspiración máxima de Twitter es conectar a la gente de forma instantánea con las cosas que más les importan».[1]

Aquellos que son más influyentes en los canales de los medios sociales son los que están dispuestos a poner a los demás por encima de sí mismos y a colaborar. Hoy los líderes tienen a su disposición recursos como Twitter, Facebook, LinkedIn, YouTube, Flickr, Instagram y muchas más herramientas de medios sociales que hacen que compartir y asociarse de forma constante sea algo fácilmente asequible.

Lo que envenena a un equipo rápidamente
http://catalystleader.com/poisonateam

Uno de los mejores ejemplos de organización colaborativa es LifeChurch.tv. Ellos ofrecen gratuitamente sus recursos a miles de iglesias de todo el mundo mediante su «Red abierta». Craig Groeschel, Bobby Gruenewald y todo el equipo de LifeChurch hacen un trabajo increíble de colaboración compartiendo la visión de su iglesia en asociación con otros, en su comunidad y por todo el mundo. Se trata de una causa más grande. Saben que cumplir su llamado no significa construir su propio imperio, sino trabajar en pos de algo mayor.

La colaboración no es fácil y casi siempre requiere sacrificio, tanto a nivel personal como de la organización. Tal vez por eso nuestro estudio reveló que el 39% de los líderes cristianos cree que la colaboración es uno de los rasgos de liderazgo más importantes de la próxima década, pero solo el 15% dice que este principio esencial es el que mejor les describe. A fin de colaborar, tú y tu equipo tendrán que comprometerse e incluso renunciar a algo que valoran. Aquellos que eligen este camino deben nutrir la virtud de la generosidad y aprender el arte de poner los intereses de los demás por encima de los suyos. Este no es el modo natural de trabajar y requerirá práctica. Pero así es el camino de la colaboración.

A todos nos enseñaron a compartir cuando éramos pequeños (aunque muchos de nosotros jamás lo aprendimos), pero como líderes es imperativo que estemos dispuestos a compartir. Necesitamos descubrir el arte de la influencia dando más de lo que recibimos. En Catalyst tratamos de dar más de lo que recibimos, tanto a nivel personal entre los miembros del equipo como a nivel profesional como organización.

Como resultado, queremos que todo el mundo gane si es posible. Queremos el triunfo para los miembros de nuestro equipo de Catalyst y para la organización entera. Pero también queremos que nuestros socios ganen. La paradoja de la colaboración es que cuando ayudas a otros a tener éxito, tú también sales ganando en el proceso. En última instancia, asociarse bien significa combinar esfuerzos para lograr algo mayor de lo que podríamos conseguir solos o separados de los demás. Se trata de crear situaciones en las que todos ganen. Si uno gana, todos ganan.

PALOS Y ZANAHORIAS

Dov Seidman es presidente ejecutivo de LRN, una consultoría que ayuda a compañías líderes como Pfizer, Apple y Viacom a mejorar su cultura corporativa. Fue nombrado uno de los «mejores 60 pensadores globales de la última década» por el *Economic Times* y es el autor del libro éxito de ventas *HOW: Why How We Do Anything Means Everything* [Por qué cómo hacemos algo lo significa todo]. Seidman ha observado los cambios profundos que se han producido en los lugares de trabajo de Estados Unidos como resultado de la globalización, la democratización y la mayor disponibilidad de la información. Y a medida que el viejo sistema se desvanece, dice, las empresas y sus líderes no pueden seguir funcionando como lo han hecho en el pasado si quieren progresar.

«El viejo sistema de "mando y control", usando el palo y la zanahoria, para ejercer poder *sobre* la gente está siendo rápidamente reemplazado por "conexión y colaboración", para generar poder *a través* de la gente», arguye Seidman.

En Catalyst reconocemos la verdad de su perspectiva, y también lo han hecho muchos de los principales líderes cristianos.

Una vida de buen liderazgo: Peb Jackson

Durante casi quince años, Peb Jackson ha sido mi mentor. Me ha enseñado acerca de la fe, la amistad y el liderazgo. Pero tal vez la lección más profunda que he cosechado de Peb es la importancia de la colaboración y la generosidad.

Como director de Jackson Consulting Group, Peb se ha ganado la vida construyendo redes de organizaciones en todos los sectores de la sociedad. Sus clientes trabajan en políticas públicas, desarrollo de la comunidad, medios de comunicación, educación y filantropía. Ha ayudado a iniciar organizaciones influyentes, ha trabajado con líderes como Rick Warren, ha recaudado millones de dólares para apoyar ministerios como Young Life e incluso ha producido largometrajes. Forma parte de más de media docena de juntas directivas y, aunque puede que tú no le conozcas, muchos líderes influyentes tienen a Peb en la marcación rápida de su teléfono.

Pero la capacidad de colaborar más allá de las líneas de interés y conectar a aquellos que de otro modo jamás se conocerían es algo natural para Peb. Él presta mucha atención a saber quién está delante de él y quién se puede beneficiar de saberlo. Conecta a gente con gente, a personas con proyectos y a proyectos con socios. A diferencia de los relacionistas interesados, Peb se preocupa por los amigos a quienes sirve. Es su vocación y propósito ser un conector y ayudar a presentar a la gente y reunir a distintos líderes. Peb vive la idea de que «mejor juntos que separados». Su agenda personal es menos importante que satisfacer las necesidades de la comunidad conectada que ha creado. Su espíritu inquisitivo, su disposición a servir y su enfoque en los demás convierten a Peb en un modelo de colaboración para una nueva generación de líderes.

MONTA UNA TIENDA AMPLIA

La mayoría de las iglesias parecen resistirse al espíritu colaborativo. A menudo, organizaciones externas o incluso otras iglesias en la misma área están mejor equipadas para satisfacer las necesidades o desempeñar funciones para esa iglesia. Tal vez otra congregación lleva muchos años organizando un campamento de verano estudiantil, o un centro de acogida local para vagabundos está trabajando para atender las necesidades de los pobres. Una iglesia local podría asociarse fácilmente con el trabajo que otra iglesia local ya está realizando, pero el miedo se infiltra entre sus líderes de que los miembros puedan terminar dando parte de sus diezmos a esa organización en vez de a la iglesia. O el personal de la iglesia se preocupa porque a los estudiantes le guste más la iglesia asociada y se vayan. Así que en vez de asociarse con otra iglesia, la iglesia local contrata personal adicional, crea un nuevo programa y reinventa la rueda.

De vez en cuando me encuentro con una excepción a este sistema, y eso me da esperanza. Cuando Andy Stanley y North Point Community Church decidieron iniciar su quinta ubicación satélite, eligieron Duluth, Georgia, como su sede. Al igual que muchas nuevas iglesias, Gwinnett Church se veía obligada a reunirse en un espacio comunitario en el centro cívico local. A pesar de que la instalación suplía sus necesidades, montar y desmontar el equipo cada domingo estresaba al equipo de voluntarios y les separaba de sus familias durante la mayor parte del día.

Fue entonces cuando James Merritt, pastor de Cross Pointe Church, contactó con Jeff Henderson, pastor de Gwinnett Church. A pesar de que Cross Pointe distaba menos de quinientos metros del centro cívico y tenía muchas razones para ver a la nueva iglesia como un competidor, Merritt vio una oportunidad para el reino. Puesto que Cross Pointe se reunía por las mañanas y Gwinnett por las tardes, Merritt le ofreció las instalaciones de Cross Pointe a la familia de la iglesia Gwinnett. Esta aceptó, y las dos congregaciones formaron una asociación colaborativa. Hoy, estas dos iglesias con equipos de liderazgo separados, están progresando una al lado de la otra en la misma comunidad. Colaboran en vez de competir, y se ven unos a otros como socios más que como rivales.

«Nos llenamos la boca de buenas palabras, pero hay mucha competencia y muchos celos pastorales ahí afuera», le dijo Merritt a su congregación. «Es hora de que alguien se levante y le demuestre al mundo cómo las iglesias pueden cooperar y las familias pueden aunar esfuerzos. O tenemos una mentalidad enfocada en el reino o no la tenemos».

Juan 13 subraya la esencia de la colaboración bíblica. El mundo nos conocerá por nuestro amor. La iglesia trabajando junta y unida es una fuerza imparable. Hemos visto esto con muchas asociaciones con Catalyst. Queremos que Catalyst sea una gran carpa de reunión que proporcione un ambiente seguro para líderes de todos los contextos, perspectivas y denominaciones. Queremos unir, no dividir. Y exigimos de nuestra comunidad de líderes jóvenes que estén dispuestos a trabajar juntos.

Este es el espíritu que queremos propagar en los eventos de Catalyst. En 2011 recibimos una carta de un participante después de un evento. Él y su esposa habían iniciado una iglesia en Carolina del Norte, y después de nuestro evento se sintieron guiados a promover el cuidado de los huérfanos en su comunidad. Tenían que elegir entre comenzar su propio ministerio o asociarse con otros que tenían décadas de experiencia en este campo. Lo primero podría resultar una gran triunfo para su nueva congregación, tal vez incluso otorgarles importancia, pero la segunda opción tenía más sentido. Habían sido testigos del espíritu colaborativo que habíamos mostrado y decidieron seguir un modelo similar.

«Llegamos a Catalyst como iniciadores de iglesia tratando de construir una comunidad eclesial genuina. Nos fuimos con una perspectiva totalmente distinta», escribió el pastor. «Ahora estoy mucho más interesado en despertar un movimiento que en construir una iglesia».

Se asociaron con Compassion International, Bethany Christian Services y el departamento local de servicios sociales para atender las necesidades de los huérfanos en su comunidad. Su iglesia proyectó un vídeo sobre la adopción el «Día del huérfano», y movilizaron a muchos para encarar el problema. La iglesia no apareció en revistas por iniciar un ministerio llamativo, pero pudieron conseguir un mayor bien para las vidas de los niños que no habrían logrado de otro modo.

Catalyst desea ser una organización en la que líderes de todos los contextos, perspectivas, denominaciones y tendencias teológicas puedan reunirse. No importa si eres un sacerdote episcopal liberal o un pastor bautista conservador del sur, el director de una organización sin ánimo de lucro o el presidente de una gran empresa, un jubilado que pasa sus días sirviendo como voluntario o un universitario que solo quiere seguir a Jesús: queremos que Catalyst sea un espacio seguro y estimulante.

La lógica de nuestra filosofía colaborativa es nuestra creencia de que los espacios seguros son esenciales para la confianza. Y la confianza es imprescindible para la colaboración. «Si tuviera que elegir una cosa para llevar a buen término cualquier esfuerzo de colaboración, sería la confianza», escribe el autor Larry Prusak en *Harvard Business Review*. «Más que incentivos, tecnología, roles, misiones o estructuras, es la confianza lo que hace que la colaboración realmente funcione. Puede haber colaboración sin ella, pero no será productiva o sostenible a largo plazo».[2] Si una nueva generación de líderes catalizadores va a asociarse en la persecución de una causa común, debemos levantar una gran carpa donde ellos puedan conectarse los unos con los otros y soñar juntos.

He aquí unas cuantas claves para la colaboración y la construcción de puentes basadas en las conversaciones con Charles Lee, fundador de Ideation Conference y un gran practicante de la colaboración y el asociacionismo:

1. *Asegúrate de que las expectativas queden claras desde el principio.* Los buenos contratos hacen buenas asociaciones. Las buenas vallas hacen buenos vecinos. Muchas veces no dedicamos tiempo a explicar detenidamente todos los detalles de una asociación a efectos de transparencia. Es crucial ponerlo todo en papel, en un acuerdo, y asegurarse de que se entienden todos los detalles. Define los éxitos y crea expectativas y acuerdos claros. Asegúrate de que todas las partes involucradas entienden lo que se espera y lo que se entiende como éxito.

2. *Mantente flexible, humilde y accesible.* La flexibilidad es clave en lo que se refiere a asociaciones. Construyelo

todo en base a la confianza. Ser humano, accesible, transparente y auténtico hace que la colaboración sea más fácil y efectiva. Sé un gran oyente, pregunta más y descubre maneras de servir.

3. *Entiende la colaboración como una necesidad, no como una opción.* La colaboración es increíblemente importante en la economía actual. El éxito depende de ella. Combinar los puntos fuertes de dos organizaciones crea una fuerza poderosa. Es complicado, pero puede funcionar. La creatividad es el fruto de una gran colaboración.

4. *Elige sabiamente.* Hoy en día todo se registra y se hace público. Así que sé cuidadoso. Es mucho más fácil decir que no al principio de una asociación potencial o un proyecto colaborativo que desenredarse de una asociación que ha salido mal. Las buenas asociaciones empiezan con un profundo conocimiento de la otra parte.

5. *Sé intencional a la hora de encontrar áreas, intereses o conexiones comunes.* La intencionalidad es fundamental tanto para la elaboración de la asociación como para llevarla a cabo. La intencionalidad requiere un seguimiento continuo.

6. *Crea vínculos.* Los grandes colaboradores siempre están conectando amigos dentro de sus círculos. El valor último de estos contactos no es para ti, es para los demás. Enfócate en los demás.

Cómo festejar a tus «rivales»
http://catalystleader.com/celebraterivals

COLABORACIÓN INTERNA

Antes de poder construir una cultura de colaboración entre organizaciones, debes construir una cultura de colaboración dentro de tu organización. Las organizaciones necesitan abrir líneas de comunicación y aprender a compartir la información entre departamentos. Lew Platt, exdirector ejecutivo de Hewlett-Packard, dijo una vez: «Si HP supiese lo que HP sabe, sería tres veces más productiva».[3] A menudo la mayor limitación de una organización es su incapacidad para conectar a sus empleados con los empleados que tienen a su lado.

Hace unos años, muchas empresas y organizaciones sin ánimo de lucro estadounidenses se organizaban en una jerarquía estricta. Cuando se añadían más empleados, el organigrama de la organización crecía a lo alto, no a lo ancho. Pero esa tendencia está cambiando a medida que los líderes emergentes buscan trabajar *con* los demás, además de trabajar *para* los demás.

Dov Seidman señala:

A medida que el poder se desplaza hacia los individuos, el liderazgo mismo debe cambiar con él: de un liderazgo coercitivo o motivacional que usa el palo y la zanahoria para *extraer* rendimiento y lealtad de las personas, a un liderazgo inspirador que *inspire* compromiso, innovación y esperanza *en* las personas.

En Catalyst hemos tratado de aplanar nuestra estructura organizacional. Lo hemos logrado mediante una comunicación más eficiente y una política de puertas abiertas. Los miembros del equipo pueden acercarse directamente a alguien si tienen un problema que involucre a esa persona o si necesitan su opinión para un proyecto. No se les obliga a escalar una cadena de mando. Nuestra toma de decisiones se reparte entre la organización en vez de dictarse siempre desde arriba.

> Tú puedes hacer lo que yo no puedo hacer. Yo puedo hacer lo que tú no puedes hacer. Juntos podemos hacer grandes cosas.
>
> —MADRE TERESA

Cuando analizo los esfuerzos de Catalyst para cambiar de una estructura jerárquica a una estructura organizacional horizontal en un intento de motivar a otros líderes a hacer lo mismo, a menudo siento la consternación y la ansiedad de esos líderes. Entiendo que algunos se asusten ante la implementación de tales reformas, porque eso significaría una pérdida de control. De hecho, eso es exactamente lo que se requiere. Sin embargo, nuestra experiencia ha sido que esta cultura corporativa enfoca mejor al equipo hacia éxitos del tamaño de la organización en vez de pequeñas ganancias personales. Promueve el «nosotros» sobre el «tú» y el «yo».

Por qué tu liderazgo debe ser social
http://catalystleader.com/socialleadership

Además, cuando los individuos logran una victoria, todo el equipo lo celebra. Esto crea un entorno abierto donde nos sentimos cómodos dando ideas en vez de protegiéndolas o acaparándolas. Una organización con empleados mezquinos que siempre están intentando subir la escalera jerárquica nunca será tan saludable como una organización colaborativa donde las ideas se comparten libremente. Esta mentalidad asociacionista está calando entre las empresas. Muchas empresas de nueva economía crean ambientes donde todos trabajan en la misma sala. No hay despachos destacados, ni lujosos entornos cerrados; solo un espacio de trabajo colaborativo y abierto que alienta a todo el mundo a trabajar juntos.

La colaboración abierta ha prendido rápidamente en el ámbito tecnológico. Un gran ejemplo de esto es el modo en que programadores y desarrolladores crean aplicaciones de código abierto para el teléfono Android mediante la plataforma de Google. Esta mentalidad de código abierto consiste en compartir las ideas de uno para lo mejor.[4] Su trabajo no es protegerlas o acapararlas. Se trata de dar todo lo posible para que todo el mundo se beneficie. Los líderes deben hacer lo mismo, aprendiendo a administrar más que a controlar sus plataformas. Cuanto mayor sea tu influencia, más intencional debes ser a la hora de darlo todo.

En cierto modo, en Catalyst hemos arrancado una página del manual de estrategia de Pixar. Pixar se aprovecha del poder de la comedia de improvisación. Si has visto alguna improvisación, sabes que requiere trabajar en colaboración con otros para mejorar el momento. Tienes que construir sobre la idea de otra persona. Randy Nelson, decano de Pixar University, habla acerca del poder de la improvisación en relación a las lecciones que han aprendido en Pixar. «Siempre nos han guiado dos principios básicos de la improvisación. El primero: acepta todas las ofertas. No sabes adónde van las cosas, pero si no aceptas la oferta, no van a ningún sitio. Tienes un callejón sin salida o una posibilidad, y nosotros enseñamos a tomar la posibilidad. El segundo principio: haz quedar bien a tu compañero. Aprovecha siempre la ocasión para "beneficiar" a alguien de tu equipo. Hazle quedar bien. Todos deberían centrarse en hacer quedar bien a sus socios y compañeros».[5] En Pixar, esto significa tomar un fragmento de la obra y no juzgarla o tratar de arreglarla inmediatamente, sino añadir a la misma y hacerla mejor.

Filipenses 2.2–5 me inspira personalmente y también nos impulsa como organización:

> Completad mi gozo, sintiendo lo mismo, teniendo el mismo amor, unánimes, sintiendo una misma cosa. Nada hagáis por contienda o por vanagloria; antes bien con humildad, estimando cada uno a los demás como superiores a él mismo; no mirando cada uno por lo suyo propio, sino cada cual también por lo de los otros. Haya, pues, en vosotros este sentir que hubo también en Cristo Jesús.

¿Quieres crecer, mejorar y expandir tu liderazgo? Entonces trata de librar a tu organización del egoísmo interno y externo. No solo busques tus propios intereses, sino más bien encuentra socios en quienes tu equipo pueda invertir. Te encontrarás problemas a lo largo del camino, pero los beneficios que obtendrás por fomentar un ambiente colaborativo excederán de lejos cualquier precio que tengas que pagar. Podemos hacer mucho más juntos que separados.

CINCO LÍDERES COLABORATIVOS QUE DEBERÍAS CONOCER

- CLAIRE DIAZ-ORTIZ | TWITTER

  Claire está centrada en conectar líderes en el espacio social. Como directora de innovación social en Twitter, ella ayuda a vincular causas, personas influyentes, organizaciones y proyectos a la plataforma de Twitter. Es una conectora natural y se asegura de que las conexiones sean valiosas para todos los involucrados.

- BETHANY HOANG | INTERNATIONAL JUSTICE MISSION

  Defensora de los derechos humanos, regularmente Bethany reúne y equipa a líderes de todos los sectores para ayudar a llevar la justicia al frente. Como directora de International Justice Mission Institute for Biblical Justice, ayuda a comprometerse con el llamado bíblico a buscar la justicia en nombre de los pobres de todo el mundo que sufren opresión, y habla en iglesias, conferencias y universidades para concienciar de la búsqueda de la justicia global.

- CHARLES LEE | IDEATION CONFERENCE

  Charles Lee es un colaborador de verdad. Sus conferencias Ideation crean una miríada de vínculos que se basan en la colaboración y el trabajo conjunto. Charles está profundamente conectado con todo tipo de nichos, redes y empresas, y tiene favor e influencia en muchos géneros y redes.

- DAVE BLANCHARD Y JOSH KWAN | PRAXIS

  Dave y Josh fundaron Praxis como una forma de crear conocimientos y redes para innovadores que quieren lanzar nuevos proyectos. Basándose en un espíritu de colaboración, seleccionan «compañeros» o emprendedores sociales que tengan buenas ideas y les conectan con mentores y recursos para ayudarles a hacer realidad sus sueños.

- BLAKE CANTERBURY | BEREMEDY

  La colaboración es algo más que la creación de redes: puede ser el motor para hacer el bien en el mundo. Blake fundó BeRemedy a fin de usar los medios sociales para conectar aquellos que tenían necesidades con aquellos que podían ayudarles. Mediante aplicaciones como Twitter y Facebook, BeRemedy alerta a los usuarios cuando alguien de su comunidad necesita ayuda. Entonces los miembros responden o envían el mensaje a los que pueden ayudar.

CONCLUSIÓN

AVANZAR HACIA DELANTE, MIRAR HACIA ATRÁS

CASI UNA DÉCADA DESPUÉS DE ENCONTRARME MIRANDO EL techo con el peso de la organización sobre mis hombros, mi corazón está lleno. Liderar Catalyst me ha proporcionado oportunidades para crecer y desarrollarme como líder, y lo más importante, la ocasión de contribuir al desarrollo de una nueva generación de agentes de cambio que me dan una gran esperanza sobre el futuro del movimiento cristiano. Y durante el camino me he divertido mucho.

He *rapeado* con uno de los iconos musicales de mi infancia, Rev Run de Run DMC. He escuchado a mi padre y exentrenador de fútbol hablar de trabajo con el campeón del Super Bowl Tony Dungy. He pasado una tarde con Eugene Peterson después de terminar mi devocional en su traducción de la Biblia *El Mensaje* esa misma mañana. He entrevistado al fundador de Twitter, Jack Dorsey, que como sabemos está redefiniendo los medios sociales. He podido presentar el

Premio Catalyst a los logros de toda una vida a mis héroes, el doctor John Perkins y Geoffrey Canada. Y rodé un pequeño vídeo de parodias con la leyenda del monopatín Tony Hawk. Cada uno de estos momentos inolvidables se ha visto acentuado por la comprensión de que aquellos que a menudo idolatramos son humanos como el resto de nosotros.

Pero la mayor alegría de la última década no ha sido conocer a celebridades o pasar tiempo con grandes escritores. Mi gozo es la amistad que he forjado con vendedores, socios, asistentes, conferenciantes y miembros del equipo. Aquellos que se han convertido en consejeros y que me han provisto de la orientación espiritual y profesional cuando más la he necesitado. Hombres y mujeres que oran conmigo y por mí. He sido bendecido más allá de lo mesurable.

Rememorando mi viaje de liderazgo hasta hoy, me abruma darme cuenta de que aún no he llegado. Todavía siento el peso de la responsabilidad tan fuerte ahora como cuando me asenté en este rol por primera vez. Por cada momento divertido, ha habido una docena de los difíciles. Momentos en los que me he visto obligado a tomar decisiones difíciles. Noches en vela preguntándome cómo iba a cumplir las promesas que había hecho.

Como muchos líderes, algunos días anhelo regresar a los primeros años. A los días cuando la vida era más fácil y simple como capataz del rancho Lost Valley. Cuando montar a caballo por el Bosque Nacional de Pike parecía ser el único punto del orden del día. Eran tiempos en los que no tenía que preocuparme tanto por los presupuestos, los balances, el personal y el crecimiento como ahora. Me levantaba, tomaba un café y después disfrutaba de un tranquilo paseo a caballo por las montañas de Colorado.

Nunca sabía que iba a traer el nuevo día en Lost Valley. Recuerdo tres ocasiones en las que un huésped estaba dando un paseo a caballo y el animal murió a mitad del camino, dejando tirado al jinete en medio de la montaña. «Dejar al caballo y salvar al huésped» era nuestro lema, para sorpresa del cliente. Otra vez tuvimos a una visitante que venía de Inglaterra. Completamente ajena a la cultura ranchera del oeste, una mañana bajó al corral únicamente vestida con los zahones puestos sobre la ropa interior. Dejando boquiabierto a todo el mundo, tuve que informarla de que se suponía que los zahones iban por encima de los tejanos azules.

Tengo algunos recuerdos épicos de los cinco años que estuve en Lost Valley. Pero ninguno sobrepasa el tiempo con mi mentor y fundador del rancho, Bob Foster. Yo tenía veinticinco años y él setenta y cinco. Sabía algo acerca del tutelaje. Después de todo, sus mentores habían sido Dawson Trotman, fundador de Navigators, y el legendario profesor del Seminario Teológico de Dallas, Howard Hendricks. Aunque en aquel momento no me di cuenta, ahora sé que formo parte de un robusto y honorable linaje de mentores.

Cada jueves por la mañana, Bob Foster y yo desayunábamos en su mesa personal en el porche sur del comedor. Daba al corral, y a menudo me quedaba mirando las montañas nevadas a lo lejos. Orábamos juntos, memorizábamos las Escrituras, estudiábamos la Biblia y él me compartía las lecciones que había aprendido a lo largo de su vida.

Bob había visto muchas cosas en su vida. Había nacido en los felices años veinte, sobrevivido a la Gran Depresión y experimentado la angustia de la Segunda Guerra Mundial. Se había convertido en un respetado líder cristiano, desarrollando profundas relaciones personales con gente como el evangelista Billy Graham, el fundador de World Vision, Bob Pierce, y el escritor Chuck Swindoll. Yo, por otra parte, había nacido en la era de la música disco y mi relación más importante fue, bueno, con él. A pesar de que nos separaba un gran abismo, me sentía muy cerca de él en aquellas mañanas nubladas, frescas y tempranas.

Aún puedo ver a Bob allí sentado con su sombrero de vaquero ladeado en un ángulo casi cómico. Se mordía el labio, pensaba durante un momento y entonces derramaba su sabiduría. Me recordaba constantemente que lo que hiciera a los veinte determinaría lo que hiciera a los setenta. Bob sabía que la vida consistía en una serie de bloques de construcción colocados en etapas tempranas, y me desafiaba a vivir y liderar bien. Me ofrecía consejos caseros acerca de la disciplina y me proporcionaba responsabilidad. Los recuerdos me traen a la mente las palabras de H. L. Mencken: «El mejor maestro no es aquel que más sabe, sino aquel capaz de reducir el conocimiento a un compuesto simple de lo obvio y lo maravilloso».

Gran parte de mi trabajo y mi filosofía de vida actual, así como mi madurez espiritual, se forjó en aquellas mañanas. Y cuando los días se ponen difíciles, anhelo volver allí. Pero, por supuesto, no puedo regresar a aquellos desayunos en el porche. La vida solo se mueve en una dirección: hacia delante. Sin embargo, atesoro las lecciones que Bob me enseñó, incluyendo la importancia de escuchar a aquellos que vienen ante mí.

Ahora soy traductor, un unificador entre los sabios experimentados y los jóvenes advenedizos. Tiendo puentes entre generaciones y reúno a líderes maduros con una gran sabiduría para compartir con veinteañeros y treintañeros que desean aprender de alguien que ya haya recorrido los caminos en los que ellos se encuentran ahora.

Tristemente, hoy pocos líderes se aprovechan del gran pozo de sabiduría que puede proporcionar un mentor. Según nuestro estudio, solo el 16% afirmó firmemente que interactúan de forma regular con un mentor maduro que les ayude a dirigir las cuestiones profesionales. Demasiados líderes jóvenes piensan que saben más que sus mayores. Han sido arrastrados por sus propios recortes de prensa, cuando en realidad lo que necesitan es sentarse, dejar de hablar y escuchar. Tenemos que abrir nuestros oídos a los mentores sabios en nuestras vidas, en nuestras empresas, en nuestras organizaciones, en nuestras familias y en nuestras iglesias. Tenemos que escuchar a los líderes que conocen tanto la emoción de la victoria como la agonía de la derrota, que han resistido la recesión y la prosperidad, que han visto el desarrollo tecnológico, que no solo hablan de la experiencia, sino que la han adquirido. Más líderes jóvenes necesitan deponer el micrófono por un momento, tomar un bolígrafo y un papel y empezar a tomar notas.

Si tienes veinte o treinta y pocos años, encuentra a alguien mayor que tú que pueda invertir en tu vida. Sé consciente de aquellos que te rodean que saben más que tú, que tienen más experiencia que tú. Dales permiso para que hablen a tu vida, y entonces abre tus oídos y tu corazón a lo que comparten.

Si eres un líder maduro, no puedes sentarte y esperar a que vengan a preguntarte. Debes buscar a jóvenes líderes en los cuales invertir como Bob Foster hizo conmigo. Necesitas tratar de comprender, formar, inspirar, conectar y después liberar a los líderes jóvenes para que sigan su llamado. Tu sabiduría y experiencia no hacen ningún bien a nadie si permanecen reprimidas. Deben ser expandidas.

Todo líder, independientemente de la edad, debería tener al menos un mentor y debería tutelar al menos a una persona. Un joven de veinte años puede invertir en uno de doce mientras uno de cuarenta invierte en él. Y una mujer de treinta años puede invertir en una chica de dieciocho mientras una de cincuenta invierte en ella. Nunca eres demasiado viejo o demasiado joven para participar en el proceso de la tutoría. Debes encontrar un mentor y convertirte en uno. Recuerda y honra a los que te han ayudado a llegar donde estás. Tu legado no solo viene determinado por lo que haces a medida que envejeces, sino también por quién eres cuando eres joven. Liderar bien significa empezar bien. Construir las bases para la influencia desde ahora.

Mi corazón sigue llenándose de esperanza para esta generación de líderes. Líderes como tú. Por supuesto, tienes fallos y debilidades como todo el mundo. Pero también tienes un gran potencial sin explotar. Si puedes desarrollar los ocho principios básicos expuestos en las páginas anteriores y humillarte lo suficiente para aprender de aquellos que te preceden, las posibilidades de que dejes huella en este mundo son casi ilimitadas. Tu legado, no importa dónde te encuentres en tu camino del liderazgo, comienza ahora. Cómo empiezas determina cómo acabas.

Ha llegado el momento de ser quien Dios te ha llamado a ser, de vivir Su propósito para tu vida.

Nunca dejes que tu ambición te obligue a crearte un yo falso. Al liderar, comparte tu yo auténtico con los demás.

Aférrate a un amor indomable por Dios. Búscale a Él primero y deja que se ocupe de las cosas menores.

Mientras sigues este llamado, recuerda que la excelencia no es negociable. Dios se merece lo mejor de ti.

Cuando llegue el momento de asumir riesgos o tomar decisiones difíciles, supera tus miedos. Él te sustentará.

Afírmate en tus convicciones y principios. Apégate a tu integridad, disciplina y humildad.

Cuando la presión crezca y surjan las dificultades, mantén la esperanza. Recuerda que con Dios a tu lado un mañana mejor es posible.

Construye puentes, no muros, con los que te rodean. Hay poder en la colaboración.

Y finalmente, no te creas la mentira de que tú eres el centro del universo. Busca a líderes maduros que puedan ayudarte a crecer, te animen y te guíen. Y entonces imparte tu vida en la de los demás.

Ahora te toca a ti completar el viaje que empezamos juntos. Lidera ahora. Lidera bien. Conviértete en el agente de cambio que Dios te ha llamado a ser.

LISTA DE JÓVENES INFLUYENTES

CINCUENTA AGENTES DE CAMBIO EN AUGE

DURANTE CASI CINCO AÑOS HE ESTADO RECOPILANDO UN LISTA actualizada de jóvenes agentes de cambio que están marcando la diferencia. Esa lista incluye ahora a más de trescientos líderes jóvenes. Cada una de sus historias es un ejemplo de uno o más de los principios esenciales de un líder catalizador.

Lista de jóvenes influyentes
(más de trescientos líderes jóvenes que deberías conocer)
http://catalystleader.com/younginfluencers

A continuación he incluido a cincuenta de esos líderes. Esto no es en modo alguno una lista exhaustiva de líderes prominentes en auge. Sí es, en cambio, una muestra de personas influyentes con las que puede que no estés familiarizado, pero que están haciendo un trabajo fantástico y encarnando los principios esenciales de un líder catalizador. Son hombres y mujeres que me encantaría que conocieses. Los he enumerado sin clasificar, por orden alfabético, debido a mi admiración por ellos. Te animo a que dediques un tiempo a descubrir su organización y su trabajo.

Obviamente, en una lista de este tipo las organizaciones cambian, los líderes encuentran otros roles, aparecen nuevos nombres y la lista evoluciona de forma regular. Esta es la razón por la que actualizo esta lista cada pocos meses. Puedes encontrar la última y más actual «Lista de jóvenes influyentes» en http://catalystleader.com.

1. Alli Worthington: BlissDom Conference
2. Allison Trowbridge: Not For Sale: Eng Human Trafficking and Slavery
3. Amanda Ramírez: Johnnyswim
4. Angie Smith: conferenciante y escritora
5. Anthony Bradley: escritor y profesor del King's College
6. Beth Murray: productora de *Today Show*
7. Bianca Olthoff: A21 Campaign
8. Brad Jones: Passion Conferences
9. Brian Wurzell: Slingshot Group
10. Caitlin Crosby: Giving Keys
11. Carl Lentz: Iglesia Hillsong NYC
12. Courtney Dow: NightLight USA
13. Darren Whitehead: Church of the City
14. Dave Morin: Path
15. Del Chittim: Southeastern University
16. Dhati Lewis: Rebuild Iniciative

17. Erik Lokkesmoe: Different Drummer
18. Iris Liang: Videre
19. Je'Kob Washington: músico, artista y compositor
20. Jen Alt: Segel Foundation
21. Jen Hatmaker: iniciador de iglesias, escritor y conferenciante
22. Jenny White: Art House Dallas
23. Jo Saxton: escritora y conferenciante
24. Jon Tyson: Trinity Grace Church
25. Joy Eggerichs: Love and Respect NOW
26. Kevin Olusola: violoncelista, *beatboxer* y miembro de Pentatonix
27. Laura Waters Hinson: cineasta
28. Leonce Crump: Renovation Church
29. Lindsey Nobles: Food for the Hungry
30. Lori Wilhite: Leading and Loving It
31. Melissa Moore Fitzpatrick: LivingProofMinistries
32. Nicole Baker Fulgham: Expectations Project
33. Nikki Toyama: Urbana
34. Pedro García: Calvary Chapel Kendall
35. Perrin Rogers: Triumphant Church
36. Raan Parton: Apolis Clothing
37. Rachel Ramsey Cruze: Lambo Group
38. Ralph Castillo: Christ Tabernacle, Queens, NY
39. Rebekah Lyons: escritora y Q
40. Rich Wilkerson Jr: the Vous!
41. Ryan Sisson: Moniker Group
42. Scott McClellan: Echo Conference
43. Shaun King: HopeMob

44. Tad Agoglia: First Response Team of America
45. Tara Jenkins: Fellowship Missionary Baptist Church
46. Tara Teng: Miss Canadá 2011
47. Thea Ramírez: Adoption-Share
48. Tommy Kyllonen: Crossover Church
49. Travis Mason: Google
50. Trip Lee: cantante, compositor y artista de hip hop

APÉNDICE

ESTUDIO «LÍDERES CRISTIANOS DE HOY», EN COLABORACIÓN CON BARNA RESEARCH GROUP

LOS RESULTADOS DE LA SIGUIENTE ENCUESTA REFLEJAN UN estudio de alcance nacional de cristianos adultos a partir de dieciocho años. Fue realizada por Barna Research Group mediante encuestas en línea a 1.116 autodenominados cristianos adultos en junio de 2012. El estudio sondea los principios esenciales tratados en este libro. He aquí una muestra de los resultados del estudio.

1. ¿QUÉ TIPO DE LÍDERES SE NECESITAN?

La primera pregunta exploraba lo que los cristianos creían que eran los rasgos más importantes que un líder debía poseer debido al mundo cambiante en el que vivimos. A los encuestados se les daban diez opciones diferentes, incluyendo descripciones cortas de entre las cuales elegir:

1. Valentía: *estar dispuesto a asumir riesgos*
2. Visión: *saber adónde vas*
3. Aptitud: *ser bueno en lo que haces*
4. Humildad: *dar el mérito a los demás*
5. Colaboración: *trabajar bien con los demás*
6. Pasión por Dios: *amar a Dios sobre todas las cosas*
7. Integridad: *hacer lo correcto*
8. Autenticidad: *ser honrado y confiable*
9. Propósito: *estar hecho o «ser llamado» para la tarea*
10. Disciplina: *la habilidad de permanecer centrado y conseguir que las cosas se hagan*

De las diez características mencionadas, la mayoría de los cristianos creen que la integridad es la cualidad más importante para los líderes de hoy (64%). Después aparecen la autenticidad (40%) y la disciplina (38%), seguidas por la pasión por Dios (31%) y la aptitud (31%). Los factores menos importantes son el propósito (5%) y la humildad (7%). La visión (26%), la colaboración (25%) y la valentía (15%) están en el medio.

Los evangélicos son un subgrupo del amplio mercado cristiano, que comprenden un 8% de la población del país. Son más propensos a identificar la importancia de la pasión por Dios y la integridad, pero son más reacios que otros cristianos a nombrar la disciplina, la aptitud, la visión o la colaboración.

Los cristianos de mayor edad son más propensos que los jóvenes (menores de 40) a enumerar la integridad, la autenticidad, la pasión por Dios y la valentía como aspectos fundamentales del liderazgo. Los líderes jóvenes son ligeramente más propensos a nombrar la visión, la colaboración y la humildad. Sin embargo, no hay diferencias notables entre ambos grupos.

Tabla 1: Rasgos más importantes del liderazgo

Pregunta: Teniendo en cuenta todos los cambios que tienen lugar en nuestra nación y en el mundo, ¿cuáles serían los 2 o 3 rasgos de liderazgo más importantes para que las personas lleguen a ser grandes líderes en la próxima década? (Marca entre 1 y 3 respuestas).

	TODOS LOS CRISTIANOS	EVANGÉLICOS	RANGO DE EDAD		LÍDER AUTODENOMINADO	
			18–39	40-plus	yes	no
integridad	64%	75%	59%	66%	65%	63%
autenticidad	40	41	34	42	39	41
disciplina	38	22	41	37	36	41
pasión por Dios	31	83	26	34	33	28
aptitud	31	14	33	30	31	32
visión	26	16	29	25	29	23
colaboración	25	15	27	23	24	25
valentía	15	13	10	17	17	13
humildad	7	7	9	5	6	7
propósito	5	6	3	6	5	4
total	*1107*	*87*	*352*	*755*	*635*	*469*

2. EL JEFE PARA EL QUE QUEREMOS TRABAJAR

En esta época en la que los buenos trabajos tienen cada vez más importancia, se les preguntó también a los cristianos para qué tipo de jefe les gustaría trabajar. A los encuestados se les dieron los mismos diez ítems para elegir. Curiosamente, en primer lugar emergen las dos mismas características que cuando se les pidió que identificaran los rasgos de liderazgo más importantes que se necesitaban hoy: la integridad (57%) y la autenticidad (47%).

Pero después, las listas difieren. En vez de llenar los números del 3 al 5 con la disciplina, la pasión por Dios y la aptitud, los cristianos dicen que querrían trabajar para un jefe que mostrara colaboración, aptitud y humildad. La pasión por Dios cae de la cuarta a la séptima posición, tal vez reflejando la comprensión de la gente de que el lugar de trabajo no tiene por qué estar lleno de cristianos. Sin embargo, entre los evangélicos, encontrar un jefe que sea creyente permanece como el criterio más importante en su búsqueda de trabajo.

Los líderes jóvenes son más reacios que sus compañeros de más edad a buscar un jefe que muestre integridad o autenticidad, pero están ligeramente más interesados en la colaboración y el propósito. Son mucho más propensos que los adultos mayores a buscar un jefe humilde.

Lo que destacó entre las personas que se consideran líderes a ellas mismas es que están más interesadas que la media en servir a otros líderes que vivan con integridad y lideren con una visión clara.

Tabla 2: Características de un jefe potencial

Pregunta: Imagina que dos empresas distintas te ofrecen trabajo y tienes que elegir entre dos tipos de jefe distintos.

Recuerda, nadie es perfecto, pero ¿cuáles son las 2 o 3 características que buscarías en el jefe para el que estarías más interesado en trabajar? (Marca entre 1 y 3 respuestas).

	TODOS LOS CRISTIANOS	EVANGÉLICOS	RANGO DE EDAD		LÍDER AUTODENOMINADO	
			18–39	Más de 40	Sí	No
integridad	57%	63%	51%	59%	59%	54%
autenticidad	47	54	36	52	45	49
colaboración	39	15	41	37	36	42
aptitud	37	24	38	37	39	35
humildad	26	27	32	23	23	30
visión	22	12	22	22	25	17
pasión por Dios	22	68	20	22	22	20
disciplina	22	15	25	21	24	20
valentía	5	3	3	6	6	4
propósito	5	7	8	4	4	7
total	1109	87	352	757	636	469

3. AUTODENOMINADOS LÍDERES

En total, más de la mitad de los cristianos de este país dicen que son líderes (58%). Aproximadamente la misma proporción de evangélicos (55%) creen que son líderes. En base a la edad de los encuestados, no aparecen diferencias estadísticamente significativas.

La siguiente tabla muestra la demografía, teolografía y psicografía de los líderes autodenominados líderes de hoy.

Es sorprendente que tan pocos líderes piensen que tienen el tipo de rasgos de liderazgo que más se necesitan en la actualidad (es decir, la integridad y la autenticidad). O, por decirlo de otra manera, ellos se ven a sí mismos como colaboradores disciplinados y aptos, aunque esas tres características aparezcan en los puestos quinto, séptimo y tercero en importancia, respectivamente, de lo que se necesita hoy en día.

Tabla 3: Autodenominados líderes
Pregunta: ¿Te consideras un líder?

	TODOS LOS CRISTIANOS	EVANGÉLICOS	RANGO DE EDAD		LÍDER AUTODENOMINADO	
			18–39	MÁS DE 40	SÍ	No
yes	58%	55%	59%	57%	100%	0%
no	43	45	41	43	0	100
total	*1111*	*87*	*355*	*756*	*639*	*472*

4. CÓMO SE EVALÚAN LOS LÍDERES A SÍ MISMOS

Entre los encuestados que se identificaron a sí mismos como líderes, el sondeo les pidió que evaluaran la cualidad que mejor definía su liderazgo. El rasgo mejor valorado es la aptitud (20%), seguido de la disciplina (16%), la colaboración (15%), la integridad (15%) y la autenticidad (14%). Convenientemente, solo un 1% de los cristianos dijeron que son los mejores en humildad.

Los evangélicos están tallados por otro patrón, nombrando la pasión por Dios como, de lejos, su mejor cualidad de liderazgo (42%).

Por edad no hay diferencias substanciales, con la notable excepción de que los líderes maduros son ligeramente más propensos que los jóvenes a nombrar la autenticidad (16% versus 11% respectivamente).

Tabla 4a: Cualidades del liderazgo personal
Pregunta: ¿Cuál de las siguientes cualidades necesita una mayor mejora en tu liderazgo?

	TODOS LOS CRISTIANOS	EVANGÉLICOS	RANGO DE EDAD		LÍDER AUTODENOMINADO	
			18–39	Más de 40	Sí	No
aptitud	20%	4%	19%	20%	20%	NA
disciplina	16	8	20	15	16	NA
colaboración	15	11	13	16	15	NA
integridad	15	15	15	14	15	NA
autenticidad	14	12	9	16	14	NA

	TODOS LOS CRISTIANOS	EVANGÉLICOS	RANGO DE EDAD		LÍDER AUTODENOMINADO	
			18–39	Más de 40	Sí	No
pasión por Dios	11	42	13	11	11	NA
visión	4	2	4	4	4	NA
propósito	3	2	5	2	3	NA
valentía	2	*	1	2	2	NA
humildad	1	4	2	1	1	NA
total	636	48	208	428	636	NA

* indica menos del 0,5 por ciento

A los líderes también se les preguntó qué les gustaría mejorar, usando la misma lista de diez elementos. El área donde quieren más ayuda es la valentía (27%), seguida por el deseo de crecer en términos de disciplina (17%), visión (15%) y pasión por Dios (13%).

En este aspecto, los líderes evangélicos son más similares al amplio mercado cristiano: quieren aumentar su valentía (27%), disciplina (25%), pasión por Dios (14%) y visión (9%). Los líderes jóvenes expresan un mayor anhelo que los mayores de crecer en términos de visión y propósito.

Tabla 4b: Cualidades del liderazgo personal que necesitan mejoría
Pregunta: ¿Cuál de las siguientes cualidades de tu liderazgo necesita una mayor mejora?

	TODOS LOS CRISTIANOS	EVANGÉLICOS	RANGO DE EDAD		LÍDER AUTODENOMINADO	
			18–39	Más de 40	Sí	No
valentía	27%	27%	25%	28%	27%	NA
disciplina	17	25	17	17	17	NA
visión	15	9	20	12	15	NA
pasión por Dios	13	14	10	14	13	NA
colaboración	9	4	10	9	9	NA
propósito	9	8	12	8	9	NA
humildad	5	8	5	5	5	NA
aptitud	2	4	1	3	2	NA
integridad	2	2	1	3	2	NA
autenticidad	1	0	1	1	1	NA
total	627	48	203	424	627	NA

5. ACTITUDES SOBRE EL TRABAJO, LA VOCACIÓN Y EL LIDERAZGO

Finalmente, el estudio sondeó una serie de actitudes diversas entre los cristianos sobre el trabajo, la vocación y el liderazgo en base a declaraciones con respuesta tipo estoy de acuerdo/ no estoy de acuerdo.

En general, el 82% de los cristianos en Estados Unidos creen que el país se está enfrentando a una crisis de liderazgo porque actualmente no hay suficientes líderes buenos. Entre los evangélicos, el porcentaje se eleva hasta el 94%. Los cristianos de más edad son más propensos a afirmar esta perspectiva, pero la vasta mayoría de cristianos más jóvenes (78%) coinciden.

La mayoría de los cristianos (67%) creen que el trabajo que están haciendo está ayudando a crear un mundo mejor; sin embargo, solo una quinta parte está muy de acuerdo con esta afirmación. Los evangélicos son incluso más optimistas sobre sus esfuerzos (82%) que la media. El intervalo entre cristianos jóvenes (65%) y cristianos de más edad (68%) es estadísticamente indistinto; sin embargo, los cristianos jóvenes son más propensos que la media a estar *muy de acuerdo* con la declaración (27%), tal vez reflejando la sensibilidad creciente de «hacer el bien» en el mundo.

Al observar los patrones generales, el sentido de orgullo en su trabajo fue casi un sentimiento universal (98%). Sin embargo, si miramos la línea de respuesta «muy de acuerdo», a los adultos jóvenes, los evangélicos y los que no son líderes se les podría recriminar un nivel más bajo de orgullo en sus esfuerzos que la media.

La idea de que en su lugar de trabajo hay una visión clara fácilmente entendible por todos los empleados es una opinión fuertemente respaldada por solo una cuarta parte de los cristianos trabajadores de hoy (23%). Los evangélicos (35%) están un poco por encima de la media, pero los resultados básicos muestran que la mayoría de la gente solo tiene una modesta confianza o claridad acerca de la visión de su empresa.

Otra pregunta de la encuesta sondeó esta opinión: la creencia de que Dios les está llamando a hacer algo más en términos de trabajo, pero aún no han estado dispuestos a hacer un cambio debido a su situación actual. En general, el 9% de los cristianos trabajadores están muy de acuerdo, y otro 26% están algo de acuerdo, dando como resultado que una tercera parte de los cristianos trabajadores (35%) experimenten este tipo de tensión. Entre los cristianos jóvenes, casi la mitad (44%) sienten esta desconexión entre la profesión o trabajo que les gustaría y la realidad de su situación actual.

Cuando se les preguntó si creían que la vocación de una persona duraba toda la vida, en general, la mayoría de las personas mostró su desacuerdo más que su acuerdo (68% versus 32%). En realidad, solo el 4% estuvo muy de acuerdo en que se puede ver la vocación de una persona en edades tempranas. No hay diferencias notables por rango de edad, compromiso evangélico o estatus de líder. Sin embargo, en vez de ser un área donde la gente tiene una opinión bien formada, parece que los cristianos no le han prestado demasiada atención a este asunto. (Date cuenta de que la mayoría de encuestados eligieron las respuestas del punto medio como «algo de acuerdo», reflejando opciones evasivas.)

Elegir interactuar de forma regular con un mentor mayor que les aconseje sobre temas laborales es aun menos común que tener una visión clara en el trabajo; solo el 16% de los cristianos trabajadores afirmó con rotundidad que tiene este tipo de orientación laboral relacional en orden. Los cristianos jóvenes son ligeramente más propensos que los mayores a tener mentores en su vida (22% versus 12%), pero todavía hay un espacio considerable para el crecimiento. Curiosamente, aquellos que son líderes tienen el doble de probabilidades que los que no lo son de decir que tienen un mentor mayor para ayudarles a sortear los temas profesionales.

Tabla 5a: Vocación por su trabajo

Pregunta: Pensando en tu trabajo actual, ¿sientes que «estás hecho» o «llamado» para el trabajo que actualmente desempeñas?

ENTRE LOS QUE ESTÁN EMPLEADOS	TODOS LOS CRISTIANOS	EVANGÉLICOS	RANGO DE EDAD		LÍDER AUTODENOMINADO	
			18–39	Más de 40	Sí	No
me siento «llamado» a mi trabajo actual	34%	55%	31%	36%	38%	27%
no me siento llamado	19	18	27	14	18	21
no estoy seguro	13	16	16	12	13	15
nunca lo había pensado	34	11	26	38	32	38
total	*593*	*47*	*216*	*377*	*383*	*211*

Solo una tercera parte de los cristianos (34%) se sienten llamados al trabajo que tienen actualmente (entre aquellos que están empleados). Esta proporción es más alta entre los evangélicos (55%), pero aún refleja una gran brecha en términos de sentido de propósito divino en el trabajo de la comunidad cristiana.

Otros dicen que «no se sienten llamados» (19%), indican que «no están seguros» (13%) o admiten que «nunca lo habían pensado» antes.

Los cristianos jóvenes son menos propensos que los mayores a sentirse llamados a su trabajo (31% versus 36%); sin embargo, de forma interesante, los cristianos de más edad son mucho más propensos que los jóvenes a confesar que nunca han considerado la idea de estar llamados a su rol actual (26% versus 38%).

Tabla 5b: Actitudes sobre el trabajo, la vocación y el liderazgo

Pregunta: ¿Estás de acuerdo o en desacuerdo con las siguientes declaraciones?

PREGUN-TADO A TODOS LOS CRISTIANOS	TODOS LOS CRISTIANOS	EVANGÉLICOS	RANGO DE EDAD		LÍDER AUTODENOMINADO	
			18–39	Más de 40	Sí	No
el país se está enfrentando a una crisis de liderazgo porque actualmente no hay suficientes líderes buenos						
muy de acuerdo	41%	73%	27%	48%	43%	37%
algo de acuerdo	41	21	51	36	38	45
algo en desacuerdo	15	4	20	12	14	15
muy en desacuerdo	4	2	2	4	4	3

PREGUN-TADO A TODOS LOS CRISTIA-NOS	TODOS LOS CRISTIANOS	EVANGÉLICOS	RANGO DE EDAD		LÍDER AUTODENOMINADO	
			18–39	Más de 40	Sí	No
el trabajo que hago está ayudando a crear un mundo mejor						
muy de acuerdo	20	20	26	17	26	12
algo de acuerdo	47	62	39	51	49	44
algo en desacuerdo	24	8	30	22	19	32
muy en desacuerdo	9	10	5	11	7	12
total**	1116	87	358	758	639	472

Tabla 5c: Actitudes sobre el trabajo, la vocación y el liderazgo

Pregunta: ¿Estás de acuerdo o en desacuerdo con las siguientes declaraciones?

ENTRE LOS QUE ESTÁN EMPLEA-DOS	TODOS LOS CRISTIANOS	EVANGÉLICOS	RANGO DE EDAD		LÍDER AUTODENOMINADO	
			18–39	Más de 40	Sí	No
Me enorgullezco de la calidad del trabajo que hago						
muy de acuerdo	72%	65%	61%	77%	79%	58%
algo de acuerdo	26	26	34	21	19	39
algo en desacuerdo	1	0	2	*	1	1
muy en desacuerdo	1	9	2	1	1	2

ENTRE LOS QUE ESTÁN EMPLEA-DOS	TODOS LOS CRISTIANOS	EVANGÉLICOS	RANGO DE EDAD		LÍDER AUTODENOMINADO	
			18–39	Más de 40	Sí	No

el lugar donde trabajo tiene una visión clara fácilmente entendible por todos los empleados

muy de acuerdo	23	35	27	21	22	24
algo de acuerdo	48	35	50	46	48	47
algo en desacuerdo	20	23	15	23	22	17
muy en desacuerdo	9	7	9	10	8	12

interactúo de forma regular con un mentor mayor que me aconseja sobre temas laborales

muy de acuerdo	16	14	22	12	19	10
algo de acuerdo	33	37	38	30	31	35
algo en desacuerdo	31	22	25	35	31	31
muy en desacuerdo	21	27	16	23	19	24

siento como si Dios me llamara a hacer algo más en términos de trabajo, pero todavía no he estado dispuesto a hacer el cambio debido a mi situación actual

muy de acuerdo	9	8	12	8	9	10
algo de acuerdo	26	25	32	23	25	27
algo en desacuerdo	36	30	32	38	39	30
muy en desacuerdo	29	37	25	31	27	33
*total**	*595*	*47*	*216*	*377*	*383*	*211*

* indica menos del 0,5 por ciento

** el tamaño de la muestra varía en cada pregunta

NOTAS

Introducción I Aprendiendo a liderar

1. Donna Fenn, «Cool, Determined, and Under 30», *Inc.*, 1 octubre 2008.
2. Jon Acuff, «Stuff Christians Like», blog; http://www.jonacuff.com/stuffchristianslike/.
3. Jon Acuff, *Quitter: Closing the Gap between Your Day Job and Your Dream Job* (Nashville: Lampo Press, 2011).

1 I Llamado

1. Katie Davis, «Kisses fom Katie», 15 julio 2008; http://kissesfromkatie.blogspot.com.es/2008_07_01_archive.html.
2. Podcast de Catalyst, episodio 168.
3. En nuestro estudio «Líderes cristianos de hoy», el 68% no estuvo de acuerdo con la afirmación «el llamado de una persona dura toda la vida»; un 32% estuvo de acuerdo.
4. J. R. R. Tolkien, *The Fellowship of the Ring* (Boston: Houghton Mifflin, 1965), p. 70 [*La comunidad del anillo* (Barcelona: Minotauro, 1991)].
5. John Ortberg, «Guard Your Calling, Frodo», *Leadership Journal*, 10 enero 2011; http://www.christianitytoday.com/le/2011/january-online-only/guardcallingfrodo.html.

2 | Auténtico

1. Mark Batterson, Catalyst podcast, episodio 160, http://www.
catalystspace.com/content/podcast/catalyst_podcast_
episode_160/.
2. Bob Goff, *El amor hace* (Nashville: Grupo Nelson, 2012).
3. Claire Diaz Ortiz, Catalyst Dallas, 2012.
4. Rick Warren, podcast de Catalyst, episodio 168, http://www.
catalystspace.com/content/podcast/catalyst_podcast_
episode_168/.

3 | Apasionado

1. Como dijo Tullian Tchivjian, «Our Calling, Our Spheres»,
Leadership Journal, 6 septiembre 2010; http://www.christiani-
tytoday.com/le/2010/summer/ourcallingspheres.html.
2. David Platt, podcast de Catalyst, episodio 170.
3. Margaret Feinberg, *Wonderstruck: Awaken to the Nearness of
God* (Nashville: Worthy Publishing, 2012), p. 7.
4. Louie Giglio, Catalyst podcast, episodio 173, http://www.
catalystspace.com/content/podcast/catalyst_podcast_
episode_173/.
5. Francis Chan, Catalyst podcast, episodio 152, http://www.
catalystspace.com/content/podcast/catalyst_podcast_
episode_152/.
6. BillHybels,Catalystpodcast,episodio161,http://www.catalysts-
pace.com/content/podcast/catalyst_podcast_episode_161/.

4 | Capacitado

1. HollyGreen,«RedefiningExcellenceforToday'sWorld»,*Forbes*,
6 marzo 2012; http://www.forbes.com/sites/work-in-progress/
%202012/03/06/redefining-excellence-for-todays-world/.
2. Perry Noble, «Four problems the Church Has Got to Deal
With!», 19 abril 2012; http://www.perrynoble.com/blog/%20
four-problems-the-church-has-got-to-deal-with/.
3. Nancy Ortberg, Catalyst Oeste, 2011.

5 / Valiente

1. Tad Agoglia, Catalyst Atlanta, 2011.
2. Jamie Walters, «Courage: Tap Greater Potencial and Thrive Through Challenges», *Inc.*, 1 marzo 2002; http://www.inc.com/articles/2002/03/23995.html.
3. Rick Warren, podcast de Catalyst, episodio 168, http://www.catalystspace.com/content/podcast/catalyst_podcast_episode_168/.
4. Andy Stanley, podcast de Catalyst, episodio 176, http://www.catalystspace.com/content/podcast/catalyst_podcast_episode_176/.
5. Gilbert Keith Chesterton, *Orthodoxy* (Londres: John Lane Company, 1909), p. 170.

6 / Íntegro

1. Walter Isaacson, *Steve Jobs* (Nueva York: Simon & Schuster), p. 6 [*Steve Jobs* (Barcelona: Debate, 2011)].
2. Rick Warren, podcast de Catalyst, episodio 168, http://www.catalystspace.com/content/podcast/catalyst_podcast_episode_168/.
3. Eugene Cho, Catalyst Dallas, 2011.
4. Como dijo Tullian Tchivjian, «Our Calling, Our Spheres», *Leadership Journal*, 6 septiembre 2010; http://www.christianitytoday.com/le/2010/summer/ourcallingspheres.html.
5. Christy Nockels, podcast de Catalyst, episodio 185 http://www.catalystspace.com/content/podcast/catalyst_podcast_episode_185/.
6. Jim Collins, Catalyst Atlanta, 2011.
7. Louie Giglio, podcast de Catalyst, episodio 173, http://www.catalystspace.com/content/podcast/catalyst_podcast_episode_173/.
8. Don Yaeger, «Lessons from Sports: Nolan Ryan's Longevity», *Success Magazine*; http://www.success.com/articles/1114-lessons-from-sports-nolan-ryan-s-longevity.
9. Ibíd.

10. Pete Wilson, podcast de Catalyst, episodio 189, http://www. catalystspace.com/content/podcast/catalyst_podcast_ episode_189/.

11. Christy Nockels, podcast de Catalyst, episodio 185, http:// www.catalystspace.com/content/podcast/catalyst_podcast_ episode_185/.

12. Dallas Willard, *Renovation of the Heart* (Colorado Springs, CO: NavPress, 2002), p. 254 [*Renueva tu corazón: Sé como Cristo* (Terrassa: Clie, 2004)].

13. Malcolm Galdwell, *Outliers* (Nueva York: Hachette, 2008), p. 41 [*Fuera de serie* (Madrid: Grupo de Lectura S.L., 2011)].

14. Jim Collins y Morten T. Hansen, *Great by Choice* (Nueva York: HarperBusiness).

15. Louie Giglio, podcast de Catalyst, episodio 173, http:// www.catalystspace.com/content/podcast/catalyst_podcast_ episode_173/.

16. John Maxwell, *Las 21 leyes irrefutables del liderazgo* (Nashville: Grupo Nelson, 2007).

17. David Weinberger, «The American Leader's Love Affair with Integrity», *Harvard Business Review*, 29 octubre 2010.

18. Como lo define Paul Klein en «What's Your Return on Integrity», *Forbes*, 6 junio 2011; http://www.forbes.com/sites/ csr/2011/06/06/whats-your-return-on-integrity/.

19. Andy Stanley, «Integrity at Risk», Catalyst GroupZine, volumen 2.

7 | Esperanzado

1. Esther Havens, Catalyst Dallas, 2012.

2. Bill Hybels, podcast de Catalyst, episodio 161, http://www. catalystspace.com/content/podcast/catalyst_podcast_ episode_161/.

3. Gran parte de este espíritu de visión y esperanza para Catalyst lo hemos aprendido de Reggie Joiner. Reggie realmente cree en la próxima generación, e inspira esperanza a través de su trabajo.

8 | Colaborador

1. Jack Dorsey, Catalyst Oeste, 2011.
2. Larry Prusak, «The One Thing that Makes Collaboration Work», *Harvard Business Review*, http://blogs.hbr.org/cs/2011/07/one_thing_that_makes_collaboration.html.
3. Como citó Jacob Morgan, «4 Reasons Your Company Needs a Collaboration Upgrade, Stat», *FastCompany*; http://www.fastcompany.com/1842473/4-reasons-your-company-needs-collaboration-upgrade-stat.
4. Chris Anderson escribe acerca de este fenómeno en su libro *Gratis* (Barcelona: Urano, 2009).
5. John M. Caddell, «Randy Nelson of Pixer: Collaboration is Like Improv Theatre», http://blog.pennlive.com/shoptalkmarketing/2010/08/randy_nelson_of_pixar_collabor.html.

AGRADECIMIENTOS

ESTO NO ES UN LIBRO. EN TUS MANOS TIENES UN VIAJE. Y MI VIAJE como líder empieza en primer lugar con Jesús, a quien amo, sigo y confieso apasionadamente como Señor y Salvador de mi vida, y que me ha convertido en lo que soy hoy en día. Por encima de todo, Soli Deo gloria.

Como en cualquier viaje, hay gente a la que debo dar las gracias por ayudarme a llegar a mi destinación. En consecuencia, me gustaría ofrecer mi más profunda gratitud a las siguientes personas:

En primer lugar, a mis padres, Penny and Jerry. Mi hermano Brian y mi cuñada Jody. Su aliento y apoyo han sido incalculables. Adam, Carlee y Jake: les amo y estoy muy orgulloso de ustedes.

Al equipo de Catalyst por colaborar juntos para impactar a los líderes. Son el mejor equipo del mundo. Es un honor poder servir a su lado. Chad Jonhson (alias Squeaky J), Melissa Kruse (alias Mel), Jason Haynes (alias Hover), Tyler Reagin (alias Reaginomics), Sally Sumrall (alias Side Convo), Ansley Souther, Brian Cole, Robby Smith (alias NBC), Julianne

Graves (Julz), Jill Walker, Amberly Skyes, Ansley Williams, Joe Shelton, Jon Hout, Daniel Windsor, Stan Johnson, Ashley Williams (alias Ash) y Kevin Lee (Lee Jeans) y a James Vore por intervenir y proveernos una ayuda enorme con el mercadeo, la creatividad y el manejo del proyecto en general. ¡Gracias a ti y a todo el equipo por vivir con humildad, hambrientos y aprisa!

A Jonathan Merritt, por caminar conmigo y ayudarme a diseñar este proyecto.

A mi ayudante, Michelle Hoeft, por leer el manuscrito, ver un montón de vídeos, ofrecer crítica constructiva, mantenerme centrado y ser increíble.

A Jeff Shinabarger por empujarme a hacer realidad este libro. Sigues trabajando y creando esperanza. Empezamos estos proyectos juntos. Gracias por estar en el camino.

A Gabe Lyons, Ken Coleman, Jason Locy y Tim Willard por ser tan buenos amigos y mi círculo íntimo. Su consejo, perspectiva, honestidad y crítica no tienen precio.

A Jeremy Kubicek y Matthew Myers por darle luz verde a este proyecto. ¡Y por proporcionarme los recursos y la oportunidad de hacer todo lo posible para cambiar el mundo!

A Andy Stanley, Louie Giglio y Craig Groeschel por su amistad e inspiración.

A Chris Ferebee, un gran agente literario y amigo. Gracias por ser un defensor y consejero. Quedan muchas cosas por hacer juntos.

A John Maxwell por su tutoría y legado. Soy un líder mejor gracias a ti.

A Mark Cole, por darme la oportunidad de liderar Catalyst hace mucho tiempo. Gracias por creer en mí.

A Reggie Joiner y Lanny Donoho. Descanso sobre

hombros de gigantes. Ambos me han enseñado muchas cosas acerca de eventos, programación, liderazgo y autenticidad.

A Carlos Whittaker, Tyler Stanton, Tripp Crosby, Brian Pirkle, Jonathan Bostic, Ryan Shove y todo nuestro equipo creativo y de programación. ¡Gracias por ayudarnos a crear increíbles experiencias de liderazgo!

A Bob Foster Sr. por tantos desayunos juntos en el porche sur en Lost Valley. Tu inversión sigue generando beneficios.

A Steve Graves y Tom Addington, quienes me enseñaron mucho acerca de negocios y liderazgo.

A Margaret Feinberg, por sus expertos consejos sobre escritura, dirección editorial y su crítica honesta. Y a Lisa TerKeurst y Mike Foster por las muchas conversaciones, consejos útiles y aliento para llevar este proyecto hacia delante.

A mi tía Brenda y mi tío Mike, que han soportado un montón de travesuras de mi hermano Brian y mías a lo largo de los años.

A Ben Martin, Matt Weaver, Patrick O'Neil, Jason Shipman, Billy Blanchard y Dace Starkweather, por crear un gran equipo en Lost Valley y una amistad duradera.

A David Kinnaman y el equipo de Barna Research Group por proporcionarme consejos útiles, investigaciones y una imagen del futuro. Es una alegría asociarse para impactar líderes.

A todo el equipo de Thomas Nelson. A Joel Miller, Brian Hampton y Michael Hyatt por creer en ese proyecto y creer en la próxima generación de líderes. A Kristen Parrish y Heather Skelton por su gran conocimiento del proceso editorial. Y a Chad Cannon por sus ideas de *marketing* y estrategia.

Y a toda la comunidad de Catalyst: ustedes me inspiran. Su liderazgo e influencia en el frente es fundamental. ¡Me siento honrado de estar en el camino con cada uno de ustedes!

ACERCA DEL AUTOR

BRAD LOMENICK ES EL PRINCIPAL VISIONARIO Y PRESIDENTE DE Catalyst, uno de los movimientos de jóvenes líderes cristianos más grandes de Estados Unidos. La misión de Catalyst es equipar, inspirar y liberar a la próxima generación de líderes mediante eventos, recursos, asesoría, contenidos y conexión. En los últimos treinta años, Catalyst ha reunido a cientos de miles de líderes a través de conferencias vigorizantes y experimentales por todo el país.

Antes de dirigir Catalyst, Brad pasó cinco años involucrado en el crecimiento de la revista *Life@Work*, aclamada a nivel nacional, y fue consultor de gestión de Cornerstone Group, donde trabajó con una diversidad de empresas, organizaciones y entidades sin ánimo de lucro. Antes de eso, fue capataz del rancho Lost Valley, un rancho de huéspedes de cuatro estrellas en las montañas de Colorado.

Brad ha tenido el privilegio de entrevistar a docenas de pensadores y líderes mundiales, incluyendo a Malcolm Gladwell, Seth Godin, Rick Warren, Jack Dorsey, Dave

Ramsey y muchos otros, a través del *podcast* de Catalyst, que puede descargarse gratuitamente en iTunes o en catalystpodcast.com. Escribe sobre el liderazgo, la creatividad, la innovación, el trabajo en equipo, el crecimiento personal y muchos más temas en su blog bradlomenick.com.

Brad es miembro del consejo asesor de Suffered Enough, A21 Campaign, Red Eye Inc. y Praxis. Está licenciado por la Universidad de Oklahoma y actualmente reside en las afueras de Atlanta, Georgia.

Puedes seguir a Brad en Twitter en @bradlomenick y contactar con Catalyst en catalystconference.com.

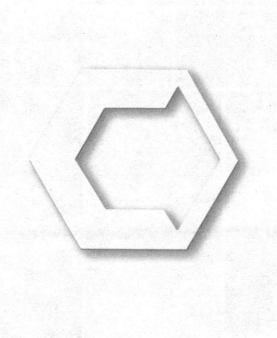